Waldemar F. Kiessling
Peter Spannagl

Corporate Identity
Unternehmensleitbild – Organisationskultur

schwerpunkt MANAGEMENT

Professionelle Personalarbeit und Organisationsentwicklung

Waldemar F. Kiessling
Peter Spannagl

Corporate Identity

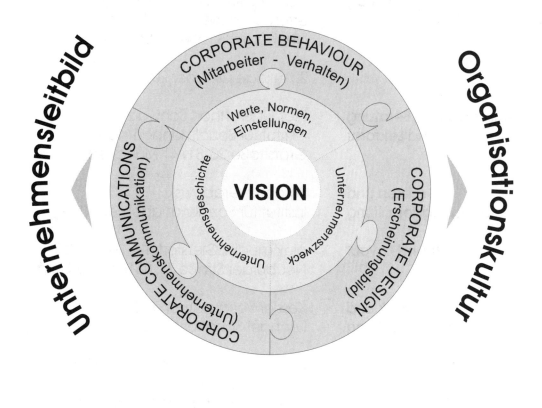

 Basistexte • Computergrafiken • Checklisten für
STUDIUM & BERUF

Die Deutsche Bibliothek – CIP-Einheitsaufnahme

Kiessling, Waldemar F.:
Corporate Identity : Unternehmensleitbild - Organisationskultur / Waldemar F. Kiessling, Peter Spannagl. – 2. Aufl.. – Augsburg : ZIEL, 2000
  (Schwerpunkt Management)
  ISBN 3-934 214-60-6

Verlag	ZIEL – Zentrum für interdisziplinäres erfahrungsorientiertes Lernen GmbH Neuburger Straße 77, 86167 Augsburg 2. Auflage Oktober 2000
Wissenschaftliche Beratung und Lektorat	Prof. Dr. Gotthart Schwarz Institut für Sozialmanagement (ISM) Gräfstraße 20, 81241 München
Grafiken und Umschlaggestaltung	Susanne Grabowski Institut für Sozialmanagement (ISM)
Satz und Layout	alex media, Gierstorfer & Ferstl GbR Neuburger Straße 77, 86167 Augsburg
Druck und buchbinderische Verarbeitung	Kessler Verlagsdruckerei Michael-Schäffer-Straße 1, 86399 Bobingen

Alle Rechte vorbehalten. Kein Teil dieses Buches darf in irgendeiner Form (Druck, Fotokopie oder einem anderen Verfahren) ohne schriftliche Genehmigung der ZIEL GmbH reproduziert oder unter Verwendung elektronischer Systeme verarbeitet, vervielfältigt oder verbreitet werden.

ISBN 3-934 214-60-6

Inhaltsverzeichnis

Vorwort des Herausgebers		8
Vorbemerkung		10

1 Grundwissen zum Begriff Corporate Identity — 11
1.1 Entwicklung des Begriffs Corporate Identity (CI) — 11
1.2 Unser Verständnis von Corporate Identity (CI) — 12

2 Elemente der Corporate Identity (CI) — 14
2.1 Vision als Voraussetzung — 14
2.2 Identitätskern (Unternehmensphilosophie, Corporate Philosophy) — 15
2.3 Mitarbeiterverhalten (Corporate Behavior, CB) — 18
2.4 Unternehmenskommunikation nach innen und außen (Corporate Communications, CC) — 19
2.5 Unternehmens-Erscheinungsbild (Corporate Design, CD) — 32
2.6 Unternehmenskultur (Corporate Culture, CC) — 36
2.7 Unternehmensimage (Corporate Image) — 40

3 Anlässe für die Entwicklung einer CI-Strategie — 43
3.1 Neugründung — 43
3.2 Umgründung — 44
3.3 Änderung des Aufgabenprofils oder der Produktpalette — 45
3.4 Neustrukturierung des Unternehmens — 45
3.5 Wechsel des Managements bzw. der Geschäftsführung — 47
3.6 Umzug der Betriebsstätte und Neuorganisation — 47
3.7 Fusion – Zusammenschluß von Unternehmen — 48

4 Umsetzung einer CI-Strategie — 49
4.1 „Ein Wort voraus" — 49
4.2 Erste Schritte — 53
4.3 Einführungsworkshop — 53
4.4 Analyse der IST-Situation — 54
4.5 Auswertungsworkshop — 60
4.6 Leitbildentwicklung — 63
4.7 Einführung des neuen Unternehmensleitbilds — 66
4.8 Entwicklung und Umsetzung der Führungsleitlinien — 68
4.9 Entwicklung und Umsetzung weiterführender Unternehmensleitlinien — 71

5 Controlling der CI-Strategie — 76

6 Kritische Anmerkungen — 79

7	**Praxishilfen für die Medienarbeit**	**82**
7.1	Die Medien als Partner	82
7.2	Mediengerechtes Auftreten	84
7.3	Nachrichten professionell präsentieren	86
7.4	Strategische Medienarbeit geht nicht nebenher	91
8	**Schlußbemerkung**	**93**
9	**Glossar**	**94**

Literaturverzeichnis — 97

Anhang — 105
Leitbilder, Leitlinien und Selbstdarstellungen aus der Praxis
(in Auszügen) — 105

- Audi – Werk Neckarsulm — 105
- Drägerwerke AG – Lübek — 106
- Hilti AG – Gewerbliches und industrielles Bauwesen – Liechtenstein — 107
- Kreatives Haus Worpswede — 108
- Malteser Hilfsdienst e. V. – Vision 2000 — 109
- Metallgesellschaft AG – Frankfurt — 109
- Münchner Informationszentrum für Männer e. V. — 110
- Landhotel Schindlerhof – Kreativzentrum Schindlerhof — 111
- Stadtklinik Baden-Baden — 112

Die Autoren — 115

Abbildungsverzeichnis

Übersicht der Schaubilder, Grafiken und Tabellen

Abb. 1   Unternehmensidentität (Corporate Identity, CI)
Abb. 2   Identitätskern Unternehmensphilosophie, Corporate Philosophy)
Abb. 3   Mitarbeiter-Verhalten (Corporate Behaviour, CB)
Abb. 4   Der NochBesser-Prozeß
Abb. 5   Positive Effekte von Problemlösungsgruppen (PLG)
Abb. 6   Unternehmenskommunikation (Corporate Communications, CC)
Abb. 7   HYPO-BANK - Logo
Abb. 8   Logo des Münchner Informationszentrums für Männer e.V. (MIM)
Abb. 9   Erscheinungsbild (Corporate Design, CD)
Abb.10   Unternehmenskultur (Corporate Culture)
Abb.11   Unternehmensimage (Corporate Image)
Abb.12   Nur die Spitze des Eisbergs
Abb.13   Botschaften aus dem Hintergrund
Abb.14   Einschätzung wichtiger Kulturfaktoren
Abb.15   Fragebogen zum Themenkomplex „Verpflichtung"
Abb.16   Interview-Leitfaden
Abb.17   Verzerrte Wahrnehmung
Abb.18   Checkliste: Unternehmensgrundsätze - Wo Sie derzeit stehen
Abb.19   Checkliste: Fragen zur Leitbildentwicklung
Abb.20   Checkliste: Anforderungen aus dem Leitbild
Abb.21   Checkliste: Leitlinien zur Führung und Zusammenarbeit
Abb.22   Grundsätze der Unternehmenskommunikation
Abb.23   Grundsätze für Beschwerdeleitlinien
Abb.24   Kriterien für Personalanwerbung und -auswahl
Abb.25   Leitlinien für Personalauswahlverfahren
Abb.26   Fragebogen zur Vorgesetztenbeurteilung
Abb.27   Klassische Fehler der Pressearbeit
Abb.28   Hinweise für die Öffentlichkeitsarbeit
Abb.29   Checkliste für Interviews und Medienauftritte
Abb.30   Checkliste: Persönliche Vorbereitung für Medienauftritte
Abb.31   Regeln für Gesprächs- und Diskussionsrunden
Abb.32   Kennzeichen der Nachrichtenstilformen
Abb.33   Kriterien einer Nachricht
Abb.34   Gestaltungsregeln einer Nachricht
Abb.35   Checkliste: Formulierung von Nachrichten
Abb.36   Mind-Map: Nachrichtenstilform
Abb.37   Checkliste: Zusammenarbeit mit den Redaktionen

Vorwort des Herausgebers

Corporate Identity (CI) - für die einen ein Modewort und Plastikbegriff, für andere ein Schlüsselbegriff modernen Managements, ohne dessen Verständnis und sachgerechte Anwendung heutzutage Konzerne, Betriebe und soziale Organisationen nicht mehr erfolgreich geführt werden können. In jedem Fall ein vielfältig und kontrovers diskutierter Begriff in der Debatte um die geeigneten Managementkonzepte. Ein diffuser und vielfältig schillernder Begriff dazu, so daß eine Beschäftigung mit ihm in der Reihe „Schwerpunkt MANAGEMENT" nicht weiter begründet werden muß. Begriffsklärungen sind nötig, Qualitätsstandards müssen entwickelt werden, um in der verwirrenden Fülle der marktgängigen Konzepte und Strategien der CI die Spreu vom Weizen trennen zu können. Denn wer begründet fordern will, daß CI-Leitbilder für Wirtschaftsunternehmen und soziale Einrichtungen gerade in Zeiten der Rezession für die Entwicklung und Festigung der Marktposition oder als Steuerungsprogramme komplexer Organisationen notwendig sind, der muß wissen, wovon die Rede ist, wenn von CI die Rede ist. Und daß eine falsche Vision, zum unrechten Zeitpunkt in die Welt gesetzt, auch mit noch soviel Geld, Know-how und intellektuellem Aufwand nicht zu retten ist, zeigen die Beispiele des renommierten Autobauers in Stuttgart und des Werftenverbunds in Bremen, die sich zu Lande, in der Luft und auf dem Wasser zu „Global Players" entwickeln wollten und bei dem Griff nach den Sternen doch nur Milliardenverluste eingefahren haben. Wirtschaftliche Kompetenz ist also kein Privileg der Wirtschaft und „Unwirtschaftlichkeit" kein Stigma der sog. „Not-for-Profit-Unternehmen" im vielzitierten „Dritten Sektor" neben Marktwirtschaft und Staat. Auch daran muß, angesichts der Einseitigkeiten in der öffentlich geführten Diskussion, immer wieder erinnert werden.

Offensichtlich ist, daß wirtschaftliche Unternehmen und gemeinnützige Organisationen vom ökonomischen, technologischen und sozialen Wandel betroffen sind, - wie die Gesellschaft insgesamt. Das gilt nach außen, wie nach innen, - für ihre Positionierung in der sich wandelnden Umwelt wie für die wachsenden Probleme ihrer immer komplexeren Binnenstrukturen. Langfristig hat auf den enger werdenden Märkten nur Erfolg, wer seine Wettbewerbsfähigkeit, Produkt- und Servicequalität laufend vervollständigt und weiterentwickelt. Aber auch ein gutes Produkt, ein erstklassiger Service oder eine glaubwürdige Unternehmenspolitik nach außen allein reichen nicht aus. Sie müssen durch die unternehmensinternen Konzepte, Methoden und Strategien der Unternehmenskommunikation, der Qualitätssicherung und des Personalmanagements ergänzt und gestützt werden. Alle relevanten Faktoren, die intern und extern das Image eines Unternehmens beeinflussen, müssen auf das gemeinsame Ziel hin zusammenwirken - brauchen also eine Corporate Identity und eine abgestimmte CI-Strategie. Sie ist in der fachintern und öffentlich geführten Diskussion zum vielfach verwendeten „Etikett" für alle jene Wirkungen eines Unternehmens nach innen und außen geworden, die sein Bild in der Öffentlichkeit bestimmen:

- ❏ Wie präsentiert sich das Unternehmen in der Öffentlichkeit?
- ❏ Wie wird es im sozialen und politischen Umfeld als Arbeitgeber, Steuerzahler, Sozialpartner wahrgenommen und bewertet?

- Welche Akzeptanz erfahren seine Produkte und Dienstleistungen in der Öffentlichkeit?
- Wie verständlich, glaubwürdig, einprägsam sind die Botschaften und das Erscheinungsbild?
- Identifizieren sich die Mitarbeiter mit den Zielen, den Produkten und dem Stil des Hauses?

Diese und viele andere damit zusammenhängende Fragen werden - nach Auffassung der Autoren *Kiessling* und *Spannagl* - von der strategisch geplanten und operativ eingesetzten Selbstdarstellung und Verhaltensweise eines Unternehmens - eben der Corporate Identity - bestimmt und gesteuert. Basis und dynamischer Kern der Corporate Identity ist eine klare, verständliche und plausible Unternehmensphilosophie ("Credo" oder "Mission") zur Steuerung für:

- das Unternehmensverhalten, Erscheinungsbild und Kommunikation,
- die Werte und konkreten Verhaltensweisen in der Unternehmenskultur,
- die Abstimmung von Marken-, Produkt-, Graphik-, und Architekturdesign,
- die Grundsätze und Zielsetzungen der Produkt- und Vertriebs-, Sozial- und Finanzpolitik des Unternehmens.

Corporate Identity (CI) ist Weg und Ziel zugleich, - betonen die Autoren in dem vorliegenden Text. Mit einer Fülle praktischer Beispiele und Materialien zeigen sie Mittel, Wege und Konzepte zur Gestaltung einer glaubwürdigen Unternehmensidentität auf, geben Tips und Hilfen für die Vorgesetzten- und Personalbeurteilung, für Social Sponsoring, die praktische Medien-, Presse- und Öffentlichkeitsarbeit etc.

Sie wenden sich aber zugleich gegen jene allzu pragmatischen, einseitig marktorientierten Darstellungen, von denen der Weiterbildungs- und Buchmarkt derzeit überschwemmt wird. Dabei verzichten sie auf den Gestus anklagender oder akademisch arroganter Kritik. Sie sind selbst Praktiker mit langjähriger Berufserfahrung - und verstehen sich auch so. Ihre Erfahrungen, Überlegungen und praktischen Hinweise zum Selbstverständnis und zur Aussenwirkung von Unternehmen und gemeinnützigen Organisationen soll all jenen Menschen eine Hilfestellung geben, die selbst mit Fragen der strategischen Unternehmensführung oder praktischen Entwicklung und Umsetzung von CI-Maßnahmen in Unternehmen und gemeinnützigen Einrichtungen betraut sind. Nicht mehr, aber auch nicht weniger ist ihr Ziel - und daran wollen sie gemessen werden.

Gotthart Schwarz   München im Mai 1996

> Es ist nicht genug, zu wissen, man muß es auch anwenden.
> Es ist nicht genug, zu wollen, man muß es auch tun.
> *Johann Wolfgang von Goethe (1749 - 1832)*

Vorbemerkung

Die Herausforderungen für gewinnorientierte Unternehmen und sog. nicht gewinnorientierte Organisationen sind heute zunehmend vergleichbar. Ob ein Wohlfahrtsverband, eine bundesweit organisierte Familienberatungsstelle oder ein Finanzdienstleistungsunternehmen mit 14.000 Mitarbeiterinnen und Mitarbeitern - sie alle müssen sich immer häufiger und intensiver mit Problemen ihrer Organisation und Themen ihres Managements auseinandersetzen und Lösungsstrategien entwickeln:

- Erwartungen der Kunden und Kundinnen an die Qualität von Produkten und Dienstleistungen wachsen,
- Ansprüche der Mitarbeiter und Mitarbeiterinnen an eine sinn- und identitätsstiftende Tätigkeit steigen,
- Qualifikation und Motivation der MitarbeiterInnen sind zunehmend wichtige Einflußfaktoren im Wettbewerb,
- die klassischen Instrumente der Unternehmensführung reichen nicht mehr aus (vgl. *Naisbitt* 1982; *Naisbitt/Aburdene* 1985; *Beck* 1986; *Engelhardt* 1995).

Eine in letzter Zeit verstärkt diskutierte „Lösung" für einschlägige Probleme der Unternehmen und sozialen Dienste verbindet sich mit dem Begriff "Corporate Identity" (CI). CI ist jedoch keine Zauberformel, sondern Ziel und Strategie. Das vorliegende Themenheft "Corporate Identity" soll Ihnen helfen, dieses Ziel zu erreichen und gibt Ihnen Methoden und Instrumente zur Umsetzung in die Hand. Wir, die beiden Autoren, haben dieses Themenheft auf der Basis unserer praktischen Erfahrungen in der Beratung von Unternehmen, Behörden und gemeinnützigen Organisationen geschrieben. Die Fragen unserer Kunden bei der Konzipierung und Umsetzung von CI-Maßnahmen sind der Leitfaden für dieses Buch.

Und noch eine Bemerkung für unsere Leserinnen! Arbeitende Menschen sind nicht nur Männer, sondern auch Arbeitnehmerinnen, MitarbeiterInnen, Kunden/Kundinnen etc. Wenn wir aus sprachlichen Gründen dennoch die männliche Bezeichnung verwenden, sind im Sinne der „political correctness", immer Frauen und Männer gemeint.

Waldemar F. Kiessling / Peter Spannagl   München im Mai 1996

1 Grundwissen zum Begriff Corporate Identity

> Wenn das Leben keine Vision hat, nach der man strebt,
> nach der man sich sehnt, die man verwirklichen möchte,
> dann gibt es auch kein Motiv, sich anzustrengen.
> *Erich Fromm (1900 - 1980)*

1.1 Entwicklung des Begriffs Corporate Identity (CI)

Der Begriff CI hat eine längere Entwicklung durchgemacht. Vor dem Krieg noch kaum bekannt, bedeutete er das "Wir-Gefühl" der Mitarbeiter eines Unternehmens, das sich im wesentlichen aus den Vorstellungen, dem Selbstverständnis und Verhalten der Gründer abgeleitet hat. Bekannte Unternehmensbeispiele sind Bosch, Siemens oder Hewlett-Packard; im Non-Profit-Bereich das Rote Kreuz oder die Salesianer Don Boscos.

"Wir-Gefühl"

Mit Beginn der 50er Jahre wandelte sich der Begriff CI und bezeichnete hauptsächlich das Erscheinungsbild eines Unternehmens, das im engen Zusammenhang mit Form, Farbe und Ästhetik der hergestellten Produkte stand. Als Vertreter dieser visuellen Epoche gelten AEG und Braun.

Erscheinungsbild

Seit Mitte der 80er Jahre wird der Begriff CI in immer komplexeren Zusammenhängen verwendet. Einmal steht er für Unternehmenskultur, dann für Unternehmensimage, wieder andere meinen damit die Unternehmensphilosophie oder von jedem etwas. Noch 1986 zeigte sich in einer Expertenrunde, die das Institut für Absatzwirtschaft der Universität München in Zusammenarbeit mit Olivetti Deutschland veranstaltet hat, die Divergenz in Verständnis und Verwendung des Konzepts und Begriffs der Corporate Identity.

Unternehmenskultur

Langsam beginnt sich der Himmel zu klären, wozu neben der wissenschaftlichen Diskussion auch Berichte über erfolgreiche Beispiele aus der Praxis beigetragen haben. CI besteht aus den "harten" Faktoren der Organisationslehre - wie Strategie, Struktur und Norm - und den "weichen" Faktoren - wie Werte, Verhalten und Stil. CI ist Prozeß und Strategie zugleich.

"harte" und „weiche" Faktoren der CI

Der Prozeßcharakter besteht in der dauerhaften Entwicklung eines Unternehmens als soziokulturelles Subsystem im gesellschaftlichen, wirtschaftlichen und ökologischen Gesamtrahmen. Als Strategie bezeichnet CI das bewußt geplante Vorgehen der Unternehmensführung zur Koordinierung des Verhaltens der Mitarbeiter (Corporate Behaviour), des Erscheinungsbilds (Corporate Design) und der Kommunikation der Organisation nach innen und außen (Corporate Communications).

CI gewinnt an Bedeutung mit der Dichte der Märkte, der Einheitlichkeit der Produkte und Dienstleistungen, einer ähnlichen bis gleichen Preisgestaltung. CI ist von entscheidendem Gewicht im Hinblick auf die wachsenden Bedürfnisse der Kunden, die Leistungsbereitschaft und den Leistungswillen der Mitarbeiter und Mitarbeiterinnen.

CI - Strategie

Grundwissen zum Begriff Corporate Identity

Steuern und wachsen lassen

Eine CI-Strategie besteht sowohl aus dem Initiieren und Steuern als auch aus einem gleichwertigen wachsen und entwickeln lassen. Untersuchungen in Deutschland und seinen Nachbarländern zeigen, daß Unternehmen, in denen dieser duale Charakter von CI verstanden wird und die wechselseitigen Wirkungen der einzelnen Elemente aufeinander abgestimmt werden, entscheidende Vorteile im Wettbewerb um Kunden und Mitarbeiter erzielen.

1.2 Unser Verständnis von Corporate Identity (CI)

Denk- und Handlungsmodell

Die Definition von CI ist keine Definition im Sinne der Wissenschaftstheorie, sondern ein Denk- und Handlungsmodell. Dieses Modell ist geeignet, komplexe Zusammenhänge und Abläufe in Organisationen darzustellen und zu beeinflussen. Die folgende Begriffsklärung stellt unser CI-Modell dar. Dieses Modell erhebt den Anspruch, einen klaren begrifflichen Rahmen in der Theorienvielfalt zu bieten und in sich schlüssig und stimmig zu sein. Grundlage für unsere Überlegungen sind die Forschungsergebnisse von *Kreutzer*, *Jugel* und *Wiedmann* (1986), *Wiedmann* (1987) und *Birkigt, Stadler, Funck* (1993).

Wir verstehen unter CI das widerspruchsfreie Zusammenwirken von

CI - Modell

- ❏ Mitarbeiterverhalten (Corporate Behaviour, CB)
- ❏ Unternehmenskommunikation nach innen und außen (Corporate Communications, CC) und
- ❏ Erscheinungsbild (Corporate Design, CD)
- ❏ auf der Basis des Identitätskerns (Unternehmensphilosophie, Corporate Philosophy).

Wegbeschreibung und Ziel

Corporate Identity (CI) ist in unserem Verständnis Strategie und Ziel zugleich. Als Strategie ist CI die Wegbeschreibung, als Ziel ist CI das Idealziel, das von allen Unternehmensmitgliedern getragen wird. Der Weg zur Zielerreichung ist prozeßhaft angelegt, das heißt, es erfolgt eine permanente Abstimmung der Teilbereiche, bedingt durch sich wandelnde Außeneinflüsse.

Grundwissen zum Begriff Corporate Identity

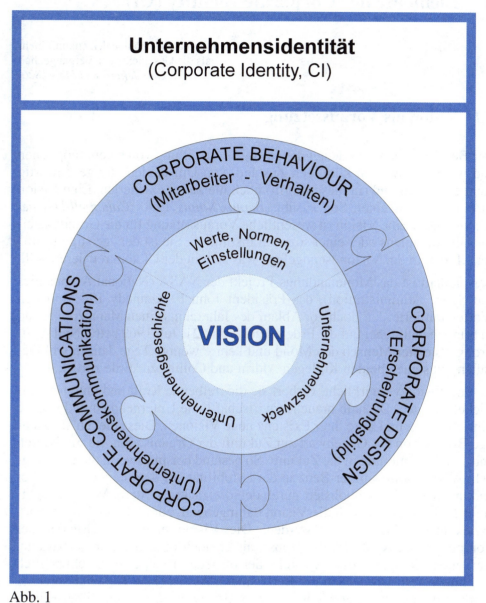

Abb. 1

Im folgenden Kapitel erklären wir die einzelnen Teilbereiche unseres CI-Modells.

2 Elemente der Corporate Identity (CI)

> Ich mag die Träume der Zukunft mehr
> als die Geschichte der Vergangenheit
> *Thomas Jefferson (1743 - 1826)*

2.1 Vision als Voraussetzung

Vision als „geistiger Keim" der CI

Der Begriff "Vision" bedeutet die geistige Vorstellung von einem möglichen und wünschenswerten künftigen Zustand, von Umständen, die gegenwärtig nicht existieren und (in dieser Form) noch nie zuvor existierten. Eine Vision ist ein Ziel, das einen Sog ausübt (*Bennis/Nanus* 1990; *Campbell/Devine/Young* 1992). Eine Vision ist wesentliche Voraussetzung für die Gründung eines Unternehmens oder einer sozialen Institution. Sie ist der "geistige Keim" der CI, d.h. in der Vision ist angelegt, was sich in der CI konkretisieren soll.

Beispielhaft ist das Mondlandungs-Projekt der NASA (National Aeronautics and Space Administration), das Präsident John F. Kennedy 1961 mit den Worten initiierte: ".... noch vor Ablauf des Jahrzehnts einen Mann zum Mond zu bringen und sicher auf die Erde zurück". Am 21. Juli 1969 betrat Neil Armstrong als erster Mensch den Mond und kehrte wenige Tage danach wohlbehalten mit seinen beiden Kollegen Aldrin und Collins zur Erde zurück.

Vision als Orientierung in die Zukunft

Ist eine Vision verwirklicht, verliert sie die treibende Kraft und muß neu entwickelt werden. Deshalb brauchen wirtschaftliche Unternehmen und soziale Einrichtungen im Laufe ihrer Existenz neue Visionen. Diese dienen als wichtige Brücke von der Gegenwart zur Zukunft der Organisation, sie motivieren und sind Orientierung in die Zukunft. So bestand beispielsweise die ursprüngliche Vision von Daimler-Benz in der "Mobilität auf dem Lande, zu Wasser und in der Luft" - symbolisiert durch den dreizackigen Stern. Mitte der achtziger Jahre wandelte sich die Vision dahingehend, zum "führenden Technologiekonzern Europas" zu werden. Die Vision eines der Gründer der Computerfirma Apple (Steven Jobs), als er noch in seiner Garage bastelte, war, einen Computer zu entwickeln, der für jede Privatperson erschwinglich und nutzbar ist. Die Vision der Bertelsmann AG ist (laut Vorstandssprecher Mark Wössner), größter Medienkonzern der Welt zu werden. Eine weitere Vision, deren Resultat viele von uns beim Joggen und Schifahren am Gürtel tragen, basiert auf der Vorstellung von Akio Morita, dem Präsidenten von Sony, nämlich ein Gerät zu bauen, das nur so groß sein darf, daß man es immer am Körper tragen kann - der Walkman, der sogar zur Marke wurde.

Elemente der Corporate Identity (CI)

2.2 Identitätskern (Unternehmensphilosophie, Corporate Philosophy)

Im Identitätskern schlägt das Herz der Corporate Identity (CI), er ist das Innenleben, Wesen und Ursprung der CI.

Dieser Kern setzt sich zusammen aus:

- ❑ der Vision,
- ❑ den Werten, Einstellungen und Normen,
- ❑ dem Zweck und
- ❑ der Geschichte des Unternehmens.

Diese Elemente bilden zusammen die Unternehmensphilosophie (Corporate Philosophy). Die Unternehmensphilosophie wird, ergänzt um die Unternehmensstrategie, als anschauliche und lebendige Verschriftung zum Unternehmensleitbild.

Unternehmensphilosophie und -strategie = Unternehmensleitbild

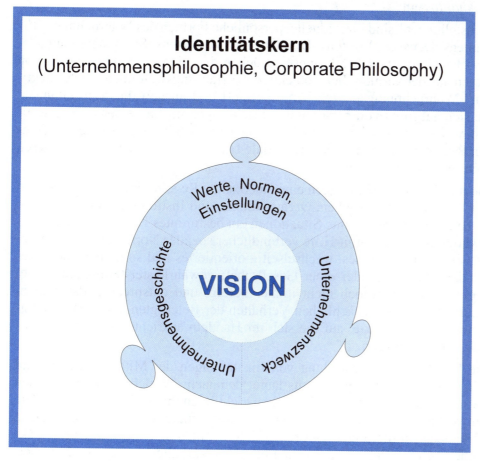

Abb. 2

Elemente der Corporate Identity (CI)

Werte, Einstellungen und Normen

Werte als Orientierungsstandard

Im soziologischen Sprachgebrauch kennzeichnen und bestimmen „Werte" einen Orientierungsstandard und -maßstab "für die Richtung, Intensität, Ziel und Mittel des Verhaltens von Angehörigen eines bestimmten soziokulturellen Bereichs" (Hillmann 1989). Als überindividuelle Orientierungsleitlinien steuern sie das Handeln der Menschen in übergeordneten Systemen (Region, Staat), aber auch in untergeordneten Subsystemen, wie z.B. einem Unternehmensbereich, einer Abteilung etc. Werte sind voneinander abhängig, aufeinander bezogen, zugleich aber unterscheidbar und abgrenzbar.

Orientierungsmuster für gesellschaftliche Weiterentwicklung

Die Wertvorstellungen, die das Verhalten der Mitarbeiter in einem Unternehmen auf Dauer prägen, lassen sich in der Regel auf die Orientierungsmuster der Unternehmensgründer zurückführen. Sie betreffen zum Beispiel die Einstellungen zu den Kunden und Mitarbeitern, zu Führung und Kommunikation, zu Qualität, Umwelt und Service, - mit anderen Worten zu dem Beitrag, den das Unternehmen zur gesellschaftlichen und kulturellen Weiterentwicklung leistet. Die Kernfrage zur Ermittlung der Grundwerte in einem Unternehmen lautet: "Für welche Werte und Überzeugungen setzen wir uns *rückhaltlos* ein?"

Einstellungen

"Einstellungen" sind individuelle, persönliche Formen des Wahrnehmens, Erkennens, Denkens, Wertens, Urteilens und Verhaltens. Sie basieren auf spezifischen Lern- und Erfahrungseindrücken der Menschen und werden von diesen aus der vermeintlich "objektiven" Erfahrungswelt in einem "subjektiven" Wahrnehmungsprozeß herausgefiltert und ausgewählt. Einstellungen, die sich aufgrund von persönlichen Erfahrungen im Laufe der Zeit verfestigen, werden zu Anschauungen, Meinungen und Überzeugungen der handelnden Personen, mit denen sie ihre soziale Umwelt, sich selbst und die anderen Menschen wahrnehmen.

Soziale Normen

"Soziale Normen" sind allgemeine, anerkannte Regeln für das Verhalten und den Umgang der Menschen, Organisationen und Institutionen im Alltag, die im Hinblick auf bestimmte Situationen ein bestimmtes Handeln fordern oder erwarten lassen. Nur mit Hilfe verbindlicher sozialer Normen ist ein konkretes, situationsbezogenes, wechselseitig orientiertes und somit berechenbares Handeln der Mitglieder einer Gesellschaft gewährleistet (Hillmann 1989). Normen werden jedoch nicht immer befolgt und entsprechen daher nicht durchgehend dem tatsächlichen Verhalten der Beteiligten. Sie wirken lediglich als Bezugspunkte, auf die sich ihr Handeln ausrichtet und an denen es sich orientieren kann.

Grundwerte des Unternehmens

Die Kernfrage zur Ermittlung von Einstellungen der Mitarbeiterinnen und Mitarbeiter eines Unternehmens lautet demnach: "Welche Haltung nehmen sie zu den Grundwerten und Verhaltensrichtlinien im Unternehmen ein?" Die Antwort darauf hängt wiederum von der weiterführenden Frage ab: "Welche Verhaltensanforderungen gibt es im Unternehmen und wie werden diese akzeptiert? Und welche Sanktionen greifen bei Verhaltensweisen der Mitarbeiter, die von den Anforderungen des Unternehmens oder der Einrichtung abweichen?"

Elemente der Corporate Identity (CI)

Unternehmenszweck

Der zweite Baustein der Unternehmensphilosophie ist der Unternehmenszweck, d.h. die möglichst präzise Antwort auf die Frage, welche Grundbedürfnisse der Menschen die Organisation zu erfüllen sucht und auf welche Art und Weise dies geschieht. Ein Pharmaunternehmen setzt sich das Ziel, Menschen gesund zu erhalten, ein Fahrradhersteller will zur Mobilität von Menschen auf geräuschlose Art und ohne Emissionen beitragen. Gute und überzeugende Definitionen des Unternehmenszwecks erwachsen aus der Antwort auf die Frage: "Was ginge den Menschen in einem bestimmten Markt verloren, wenn es das Unternehmen nicht mehr gäbe?"

Grundbedürfnis der Menschen

Unternehmensleitbild

Das Unternehmensleitbild ist vital, konkret, realistisch und richtet den Blick in die Zukunft. Es sollte mitreißen, die Zielgruppen "sowohl im Kopf, als auch im Herzen" treffen. Es stellt einen klar umrissenen und zeitlich überschaubaren Rahmen dar, der alle Anstrengungen und Kräfte im Unternehmen bündelt. Ein gelungenes Leitbild übersetzt die eher abstrakte Unternehmensphilosophie in eine greifbare und anspornende Zielsetzung, die der Organisation Schubkraft verleiht.

Leitbild als Unternehmensverfassung

Wichtig ist deshalb auch die lebendige und bildhafte Darstellung und Umsetzung der Unternehmensziele, -zwecke und -inhalte in "Bilder, die begeistern, mit Worten gemalt". Nur mit Mitarbeitern, die "emotional angesteckt" sind, lassen sich gemeinsam Höchstleistungen erzielen. Als Unternehmensverfassung erfährt das Leitbild auf allen Ebenen höchste Wertschätzung und Akzeptanz. Alle weiteren Vereinbarungen, Leitlinien und Anordnungen des Unternehmens müssen sich aus ihm ableiten (lassen).

Geschichte des Unternehmens

Zum Identitätskern eines Unternehmens gehört die Entwicklung der Gründeridee und -überzeugungen über längerfristige Zeitläufe hinweg. Sie findet ihren Ausdruck in Anekdoten, Ritualen, besonderen Begebenheiten und Ereignissen. In ihr spiegeln sich Fortentwicklung oder Stagnation, Übereinstimmung oder Diskrepanz mit den kulturellen Rahmenbedingungen.

Mythen, Anekdoten, Rituale

Elemente der Corporate Identity (CI)

2.3 Mitarbeiterverhalten (Corporate Behaviour, CB)

Organisationsmitglieder als „Botschafter der Kultur"

Der Corporate Behaviour Aspekt bezeichnet im CI-Mix die "in sich schlüssige und damit widerspruchsfreie Ausrichtung aller Verhaltensweisen der Organisationsmitglieder im Innen- wie im Außenverhältnis". Im Innenverhältnis fallen hierunter insbesondere das Führungsverhalten (Kommunikation der Ziele, Vorbildfunktion der Vorgesetzten, Kritikgespräche), die Verhaltensweisen in Training und Weiterbildung, in der Einarbeitungsphase, bei der Trennung von Mitarbeitern, der Umgang miteinander in Besprechungen, am Telefon etc. Im Außenverhältnis hat besondere identitätsstiftende Wirkung das Verhalten im Umgang mit den Kunden im Beratungsgespräch, bei berechtigten oder unberechtigten Einwänden und Reklamationen, bei Fehlern und Pannen, der Service nach dem Verkauf. Ebenso wichtig ist das Verhalten mit den anderen Marktpartnern, wie Banken, Versicherungen, Lieferanten, auch der Umgang mit Vertretern konkurrierender Unternehmen. Oft wird von den Mitarbeitern die Tatsache vergessen, daß sie nicht nur "im Dienst" Botschafter ihrer Kultur sind, sondern auch in privater Mission das Unternehmen z.B. auf Veranstaltungen aus Beobachtersicht repräsentieren.

Führungs- und Verhaltensrichtlinien

So überprüfen sich beispielsweise die Mitarbeiter der HYPO-Bank in ihrem Kundenverhalten nach innen und außen in einem laufenden "Total-Quality"-Verfahren, dem "NochBesser-Prozeß in Kundenorientierung". Grundlage für diese Auseinandersetzung mit dem eigenen Verhalten sind die Führungs- und Verhaltensrichtlinien (z.B. Serviceversprechen). Dabei finden auch Ergebnisse von Imageanalysen, telefonischen Kundenbefragungen, die jährlich durchgeführt werden (Servicebarometer) und von Testkäufen Eingang (Mitarbeiter eines externen Marktforschungsinstituts lassen sich "als Kunden" beraten; vgl. auch Seite 22 Markt- und Meinungsforschung).

Verhaltenskodex

Was in den industriellen Unternehmen und gewerblichen Betrieben an Anstrengungen und Maßnahmen zur Entwicklung des Mitarbeiterverhaltens im Sinne der Unternehmensphilosophie seit langem bekannt und üblich ist, setzt sich auch im sozialen Bereich bei den professionellen Diensten und „Not-for-Profit-Organisationen" immer stärker durch, wie das Beispiel des Münchner Informationszentrums für Männer e.V. (MIM) zeigt. Dessen hauptamtliche und ehrenamtliche Mitarbeiter haben in ihrem Leitbild einen für alle verbindlichen Verhaltenskodex festgelegt, außerdem ein Serviceangebot entwickelt und in der Informationsbroschüre publiziert. In zahlreichen, für alle haupt- und ehrenamtlichen Mitarbeiter und Mitglieder offenen Vorstandssitzungen und Versammlungen wurde der Umgang untereinander und mit den Interessenten regelmäßig und ausführlich diskutiert. Anregungen und Wünsche der Besucher, Vereinsmitglieder und Kooperationspartner flossen in diese Diskussionen ein und haben dazu beigetragen, daß sich die Angebote und Beratungsgespräche bedarfs- und besuchergerecht weiterentwickelt haben. So wurden z.B. die telefonische Erreichbarkeit und die persönlichen Beratungsgespräche an den Bedürfnissen der berufstätigen Kunden ausgerichtet. Das MIM erweiterte außerdem das Themenspektrum der angeleiteten Selbsthilfegruppen um zusätzliche Schwerpunkte (z.B. Männer in der Lebensmitte, Traumatisierungen aufgrund sexuellen Mißbrauchs in der Jugend) aufgrund der Anfragen von Interessenten und Mitgliedern.

Elemente der Corporate Identity (CI)

Abb. 3

2.4 Unternehmenskommunikation nach innen und außen (Corporate Communications, CC)

Corporate Communications (CC) bezeichnet den systematisch kombinierten Einsatz aller Kommunikationsmaßnahmen mit dem Ziel, das Betriebsklima und die öffentliche Meinung gegenüber dem Unternehmen, dem Verband, der Institution oder Organisation zu beeinflussen. CC ist langfristig angelegte Kommunikation mit dem Ziel, ein Image aufzubauen, zu pflegen oder zu verändern.

Integrierte Gesamt-kommunikation

Elemente der Corporate Identity (CI)

CC als integrierte Gesamtkommunikation umfaßt die Organisation als Ganzes und richtet sich nach innen und außen. Mittel und Wege der CC sind im wesentlichen:

- Öffentlichkeitsarbeit (Public Relations)
- Werbung (Corporate Advertising)
- Verkaufsförderung (Sales Promotion)
- Markt- und Meinungsforschung
- Sponsoring.

Öffentlichkeitsarbeit (Public Relations)

„Wir-Gefühl" durch Sprache, Bilder, Symbole

Öffentlichkeitsarbeit ist der geplante, systematische und kontinuierliche Einsatz von Sprache, Bildern und Symbolen mit dem Ziel, in der eigenen Organisation ein "Wir-Gefühl", in der Öffentlichkeit und am Markt Konsens, Akzeptanz und Vertrauen zu erzeugen.

Im Innenverhältnis fallen darunter insbesondere:

- Mitarbeiterpublikationen (z.B. Mitarbeiterzeitung, Infobriefe, Infoboard, Filme),
- Redaktion und Layout von Richtlinien für Führung, Aus- und Weiterbildung ,
- Textbausteine für den internen Schriftverkehr,
- der Personal- und Sozialbericht,
- Redaktion und Layout von Verträgen,
- Mitarbeiterversammlung und andere Veranstaltungen (Jubiläen und Feiern).

Im Außenverhältnis fallen darunter vor allem:

Akzeptanz und Vertrauen im Markt

- Geschäftsberichte und Selbstdarstellungsbroschüren,
- Textbausteine für den externen Schriftverkehr (z. B. Beantwortung von Reklamationen),
- die Kundenzeitung,
- Mitteilungen an die Presse, Rundfunk und Fernsehen,
- Fachveröffentlichungen,
- Fachtagungen,
- Pressegespräche und -konferenzen mit den Medienvertretern,
- Teilnahme an öffentlichen Veranstaltungen (Diskussionen und Talkrunden),
- Tag der "Offenen Tür", Führungen.

Elemente der Corporate Identity (CI)

Werbung (Corporate Advertising)

Werbung ist die unmittelbare Ansprache bestimmbarer Teilöffentlichkeiten mit dem Ziel, Produkte oder Dienstleistungen zu verkaufen. Personalwerbung richtet sich an bestimmte Zielgruppen mit dem Ziel, sie als neue Mitarbeiter zu gewinnen. Die Wirkdauer von Werbemaßnahmen ist im Gegensatz zur Öffentlichkeitsarbeit kurz- oder mittelfristig. Der Erfolg von Werbemaßnahmen läßt sich quantitativ in Form von Umsatz- oder Absatzveränderungen erfassen. Typische Werbemaßnahmen sind:

Ansprache von Zielgruppen

- Anzeigen in Zeitungen, Zeitschriften und Wochenblättern,
- Rundfunk- und TV-Spots,
- Kinowerbung,
- Product Placement,
- Plakat- und Bandenwerbung,
- computergesteuerte Großbildtechnik,
- Broschüren und Prospekte,
- Wurfsendungen und Telemarketing,
- Telefonmarketing und Directmailing.

Werbemaßnahmen

Verkaufsförderung (Sales Promotion)

Die Verkaufsförderung, lange Zeit die Stiefschwester der Werbung, ist heute ein profiliertes Instrument im Marketingmix. Vor gar nicht langer Zeit noch auf die Konsumgüterindustrie beschränkt, gewinnen die Verkaufsfördermaßnahmen im Dienstleistungs- und Investitionsgüterbereich zunehmend an Bedeutung. Die Aktivitäten auf dem Gebiet der Verkaufsförderung stehen wie die Maßnahmen der Werbung in direktem Zusammenhang mit dem Verkauf eines Produkts oder einer Dienstleistung. Sie wirken unmittelbar unterstützend im Kundenkontakt, d.h. für die eigene Verkaufsorganisation und/oder für Absatzmittler (Händler oder Vermittler) mit dem Ziel eines kontinuierlichen Absatzes. Deshalb ist der ständige Qualifizierungsprozeß der Kundenberater wesentlicher Teil der Verkaufsförderung. Die Maßnahmen der Verkaufsförderung bieten dem Kunden zusätzliche Informationen über das Produkt oder die Dienstleistung, sie helfen bei der Vertrauensbildung und erleichtern dem Kunden einen überlegten Kaufentschluß. Die wichtigsten Verkaufsfördermittel sind:

Verkaufsförderung, Vertrauensbildung, Kaufentschluß

- Displays (interesseweckende Aufsteller)
- Verpackung
- Verkaufsprospekte
- Verkaufsdemonstrationen
- Standgestaltung und Aktionen auf Verkaufsmessen
- Preisausschreiben
- Berater- und Händlerschulungen.

Verkaufsfördermittel

Elemente der Corporate Identity (CI)

Markt- und Meinungsforschung

Maßnahmen der Markt- und Meinungsforschung bedeuten eine systematische und objektive Informationsbeschaffung aller wichtigen Faktoren, die zur Vorbereitung von Entscheidungen im Unternehmen benötigt werden. Sie untersuchen die Einschätzungen von Interessenten, Kunden und Mitarbeitern. Sie können die Organisationen als Ganzes, deren Produkte und Dienstleistungen oder einzelne Unternehmensaktivitäten betreffen. Instrumente der externen Markt- und Meinungsforschung, d.h. zur Kundenbefragung, sind beispielsweise das Servicebarometer, Testkäufe, Antwortkarten und Interviews.

Servicebarometer   Das Servicebarometer dient zur Überprüfung der Kundenorientierung. Bei telefonischen Interviews werden die Kunden gebeten, den Service des Unternehmens zu konkreten Punkten wie z.B. Kundenbetreuung, Abwicklung von Aufträgen, after-sales-Service und den Umgang mit Reklamationen zu bewerten. Diese Form der Kundenbefragung kann auch mittels eines Kurzfragebogens (5-15 Fragen), der von der befragten Person selbst auszufüllen ist, durchgeführt werden.

Testkäufe   Testkäufe werden von speziell geschulten, externen Fachleuten durchgeführt, die als "Kunden" eine Dienstleistung, z.B. Beratung in Anspruch nehmen und diese Erfahrungen im Anschluß mittels Fragebogen bewerten. Im Unterschied zum Beschwerdemanagement erhält man hierbei umfassendere Daten bezüglich der Kundenorientierung des Unternehmens, aus denen unmittelbar Maßnahmen zur Qualitätsverbesserung abgeleitet werden können.

Antwortkarten, Sorgentelefon   Antwortkarten, die für die Kunden sichtbar ausliegen, erlauben eine schnelle und von frischer Erfahrung geprägte Rückmeldung. Dieses einfache und kostengünstige Verfahren ermöglicht eine Momentaufnahme, ersetzt aber nicht die Analyse über einen längeren Zeitraum. In Hotels und Gaststätten, aber auch in Krankenhäusern und bei Finanzdienstleistern, findet man diese Form des "Kundenechos" immer häufiger. Kombinationen mit werblichen Maßnahmen sind dabei möglich; so können Anzeigen in den Printmedien mit Antwortkarten oder Coupons kombiniert werden. Eine Stelle für Kundenbeschwerden bzw. ein aktives Beschwerdemanagement i.S. eines "Sorgentelefons" gibt Kunden die Möglichkeit, unmittelbar ihre Meinung zu äußern und liefert aktuelle Informationen.

Benchmarking, Leistungsvergleich mit den „Besten der Besten"   Benchmarking, d.h. der Vergleich der eigenen Leistung mit dem Serviceangebot der konkurrierenden Mitbewerber wird im Zuge des Total-Quality-Managements von den Unternehmen zunehmend praktiziert. Um Vergleichsmaßstäbe für die Verbesserung der eigenen Leistungsangebote zu gewinnen, werden unter den Mitbewerbern auf dem Markt „die Besten der Besten" ausgewählt und auf ihre besonderen Leistungen hin untersucht (z.B. den Kundendienst). Aus den gewonnenen Vergleichsdaten können Ziele und Maßnahmen abgeleitet und entwickelt werden, die der Verbesserung der eigenen Wettbewerbssituation und einer erfolgreichen Geschäftssteuerung dienen.

Instrumente der internen Markt- und Meinungsforschung sind z.B. die Mitarbeitermeinungsumfrage, der Kummerkasten sowie alle Maßnahmen der Qualitätsverbesserung.

Elemente der Corporate Identity (CI)

Die Mitarbeitermeinungsumfrage ist ein Diagnoseinstrument, das die Mitarbeitermeinung systematisch erfaßt. Sie richtet sich als Gesamtbefragung an alle Mitarbeiter und wird aufgrund des großen Arbeits- und Zeitaufwandes nur alle 3-5 Jahre durchgeführt. In der Zwischenzeit können Stichprobenumfragen zum Einsatz kommen. Sie erfolgen über einen Fragebogen, der von den Mitarbeitern selbst ausgefüllt wird. Wie weit ein solcher Fragebogen nach dem Multiple-choice-Muster aufgebaut ist oder eher öffnende Fragen enthält, die über ausführliche Formulierungen zu beantworten sind, richtet sich danach, ob die Einschätzung eines Produkts abgefragt wird oder komplexere Sachverhalte wie z.B. die Einschätzungen des Unternehmensimage Gegenstand der Befragung sind. (vgl. auch Seite 54 Selbstbildanalyse) Es empfiehlt sich die Zusammenarbeit mit einem Meinungsforschungsinstitut, einer Universität oder Hochschule, die die Untersuchungen im Auftrag durchführen und die Anonymität über die organisatorische Unabhängigkeit gewährleisten.

Mitarbeiterumfrage

Viel wichtiger ist die "Meinungsumfrage" über die Mitarbeitergespräche. Die Wahrnehmung dieser originären Führungsaufgabe erlaubt es, ohne zusätzliche Geld- und Zeitinvestitionen die Meinungen und Einstellungen der Mitarbeiter zu beschreiben. Abfragen zur Unternehmenskultur in Seminaren und Trainings ergänzen diese Informationen. Eine wichtige Informationsquelle ist auch das Austrittsinterview. Gerade von Mitarbeitern, die das Unternehmen verlassen, ist eine offene und ungeschminkte Einschätzung der Unternehmenskultur zu erfahren. Selbstverständlich machen diese Erhebungen nur dann einen Sinn, wenn die gesammelten Daten verdichtet und ausgewertet und daraus konkrete Maßnahmen abgeleitet werden.

Mitarbeitergespräch, Austrittsinterview

Der sog. „Kummerkasten" erlaubt den Mitarbeitern, ihre Meinungen, Wünsche, Empfindlichkeiten, aber auch ihre Ideen und Anregungen fortlaufend zu artikulieren. Neben Anregungen zu mehr Kundenorientierung im Vertrieb kann er dazu beitragen, persönliche Konflikte zwischen Mitarbeitern zu vermeiden oder noch im Anfangsstadium zu entschärfen. Als Beispiel für einen solchen „Kummerkasten" soll "Ein Offenes Wort" dienen, das die HYPO-Bank im Rahmen ihrer integrierten Kommunikation eingerichtet hat. Es ermöglicht den Mitarbeitern - anonym - ihre Fragen, Ideen, Meinungen und Beschwerden zu äußern. Der Programmleiter "Ein Offenes Wort" - nur ihm ist der Name des Einsenders bekannt - beantwortet die Zuschriften oder vermittelt bei Konflikten und hilft bei der Lösung von Problemen. Dieses niedrigschwellige Angebot hilft auch Mitarbeitern, die befürchten, durch kritische Äußerungen Nachteile zu erleiden, ihre Anliegen dennoch vorzutragen.

„Kummerkasten"

Unter die Maßnahmen der Markt- und Meinungsforschung fallen nach unserer Meinung auch alle Maßnahmen der Qualitätsverbesserung, also das Total Quality Management (TQM). In Problemlösungs- und Qualitätszirkeln - es gibt mittlerweile eine Vielzahl von unterschiedlichen Bezeichnungen dafür - steht die Kundenorientierung im Mittelpunkt. Die Mitarbeiter setzen sich mit den Wünschen, Anregungen und Kritiken der internen und externen Kunden lösungsorientiert auseinander. Bleibt es in der Bearbeitung nicht nur bei einer oberflächlichen Lösungssuche, d.h. kommen die Mitarbeiter an die Wurzel der Probleme und leiten Maßnahmen daraus ab, dann greifen sie konstruktiv in die Unternehmensabläufe ein. Sie tragen damit zum Unternehmenserfolg bei, fordern aber gleichzeitig auf der Basis von Kundenanforderungen das Management auf allen Ebenen zu vermehrten Anstrengungen im Hinblick auf eine bessere Servicequalität heraus.

Total Quality Management

Elemente der Corporate Identity (CI)

Der NochBesser-Prozeß (NBP) der HYPO-Bank

Verbesserung der Kundenorientierung

Der NochBesser-Prozeß (NBP) wurde 1990 aufgrund der Ergebnisse einer Marktforschungsstudie, die die HYPO-Bank mit anderen großen deutschen Banken verglich, ins Leben gerufen. Die Studie stellte vor allem in den Dimensionen "Service und Atmosphäre" Defizite fest. Der NBP startete mit der Zielsetzung "Verbesserung der Kundenorientierung" und ist als kontinuierlicher Prozeß anzusehen, an dem alle Mitarbeiter der Bank mitwirken.

Die Philosophie dieses Prozesses entstammt der Überzeugung, daß die Mitarbeiter die Probleme an ihrem jeweiligen Arbeitsplatz am besten kennen und als die "Experten" ihres jeweiligen Arbeitsgebietes auch die entsprechenden Verbesserungsmöglichkeiten entwickeln können. Die Führungskräfte haben die Aufgabe, den Prozeß aktiv zu unterstützen, ihre Themenschwerpunkte einzubringen und in den Teams als gleichberechtigte Mitglieder mitzuarbeiten. Nach einer Pilotphase wird dieser Prozeß gerade gesamtbankweit eingeführt.

NochBesser-Team, Qualitätszirkel

Ein NochBesser-Team besteht aus ca. 8 Mitgliedern, die sich ein- bis zweimal im Monat für ca. 2 Stunden treffen und von einem ausgebildeten Moderator, der aus ihren Reihen stammt, begleitet werden. Die Zusammensetzung der Teams richtet sich nach der Situation vor Ort. Sie kann auch ressortübergreifend erfolgen. Die Mitglieder diskutieren jeweils ihre Erfahrungen am Arbeitsplatz, auch bezüglich der Beziehungsstrukturen im Unternehmen. Der Moderator achtet darauf, daß tieferliegende Motivations- und Einstellungsstrukturen nicht untergebügelt, sondern auch gefühlsmäßige und non-verbale Aspekte einbezogen werden. Er hat zugleich dafür zu sorgen, daß die wesentlichen Punkte zusammengefaßt und für die weiterführende Bearbeitung aufbereitet werden.

Qualitätsforum

Die Arbeitsergebnisse werden dokumentiert und sollen in der Zukunft zentral gespeichert werden, damit jedes andere Team davon profitieren kann und "das Rad nicht immer neu erfinden" muß. Koordinatoren beraten und unterstützen die Teams vor Ort. Steuerung und Verantwortung wurden dezentralisiert und liegen beim (Geschäfts-)Bereich. Die Verantwortung auf Gesamtbankebene trägt der Vorstand. Ein Qualitätsforum, das zweimal im Jahr unter Vorsitz eines Vorstandsmitglieds tagt, soll sicherstellen, daß alle Bemühungen um mehr Qualität konzernweit nach einheitlichen Konzepten weiterentwickelt werden und dient dem gesamtbankweiten Erfahrungsaustausch.

Elemente der Corporate Identity (CI)

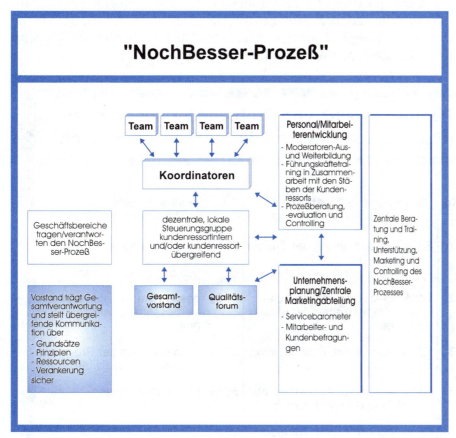

Abb. 4

Konkrete Beispiele für umgesetzte Problemlösungen aus diesem NochBesser-Prozeß sind:

- Festlegung von Servicestandards, z.B. Freundlichkeit und Höflichkeit im Umgang mit den Kunden (den Kunden mit Namen ansprechen),
- Verbesserung der Diskretion durch das Aufstellen von Abstandstafeln im Kassenraum, die konsequente Nutzung der Beratungsräume und den Gebrauch undurchsichtiger Briefumschläge,
- Einführung von Namensschildern, damit der Kunde weiß, von wem er bedient wird,
- Gewährleistung der telefonischen Präsenz,
- Entwicklung eines speziellen Kindersparbuchs,
- Einführung eines computergestützten Kundeninformationssystems,
- Mobilisierung von Springerkapazitäten bei z.B. krankheitsbedingtem Personalmangel,
- Verbesserung der Arbeitsatmosphäre und des Kundenwohlbefindens durch eine neue Aufteilung des Schalterraums mit Sitzgelegenheiten, durch Bilder und Blumen,
- Entwicklung und Durchführung eines On-the-Job-Trainings mit dem Titel "Wie kann ich Reklamationen von Kunden als Lernchance für besseren Service" nutzen? (vgl. *Dopfer/Dörr* Personalführung 10/1994).

Beispiele für Kundenorientierung

Elemente der Corporate Identity (CI)

Problemlösungs-
gruppe (PLG),
Qualitätszirkel
(QZ)

Welche weiteren positiven Verbesserungseffekte von Problemlösungsgruppen (PLG) ausgehen können, zeigt das folgende Schaubild, das wir der Studie von *C. Antoni, W. Bungard* und *E. Lehnert* über Qualitätszirkel und Gruppenarbeit in der Bundesrepublik Deutschland (1992) entnehmen.

Positive Effekte von Problemlösungsgruppen (PLG) im sozialen und ökonomischen Bereich

Rg.	%	positive Effekte von PLG im sozialen Bereich	%	positive Effekte von PLG im ökonomischen Bereich
1.	80 %	Verbesserung der Zusammenarbeit	50 %	Verbesserung der Qualität der Produkte und Leistungen des Unternehmens
2.	74 %	gestiegene Mitsprachemöglichkeiten der Mitarbeiter	48 %	gestiegene Anzahl von Verbesserungsvorschlägen
3.	72 %	höhere Arbeitsmotivation	38 %	Verbesserung der Produktivität / Effektivität
4.	66 %	verbesserte innerbetriebliche Kommunikation	36 %	Kostenreduzierung
5.	62 %	höhere Arbeitszufriedenheit	26 %	Erhöhung der Flexibilität
6.	58 %	Höherqualifizierung der Mitglieder	20 %	Reduzierung der Fehlzeiten
7.	56 %	Verbesserung der Arbeitsbedingungen	12 %	Verringerung der Fluktuation

Quelle: Bungard 1992

Abb. 5

Positive Effekte für
CI und TQM

Alle diese Maßnahmen der Markt- und Meinungsforschung helfen, Gerüchte aufzudecken, Störungen des Meinungsklimas aufgrund von Spekulationen, Befürchtungen, Ängsten rechtzeitig zu erkennen und zu beheben. Im Hinblick auf die Entwicklung der Corporate Identity (CI) haben diese Konzepte und Instrumente der Markt- und Meinungsforschung die zusätzliche Funktion, das Qualitätsmanagement zu unterstützen. Das kann aber nur dann gelingen, wenn die Instrumente, von denen jedes einzelne seine bestimmten Aufgaben zu erfüllen hat, nicht miteinander konkurrieren, sondern untereinander vernetzt und in ihrer Anwendung abgestimmt sind.

Elemente der Corporate Identity (CI)

Leitfragen für die Auswertung können sein:

- ❑ Wie sehen unsere Ergebnisse aus? - Interpretation und Diskussion der Ergebnisse;
- ❑ Welche Punkte sind für uns entscheidend? - Themenfelder definieren und priorisieren;
- ❑ Was müssen wir konkret wie verändern? - Zielvorstellungen entwickeln;
- ❑ Wie wollen wir weiter vorgehen? - Projektplanung.

Sponsoring

Sponsoring ist die gezielte Bereitstellung von Geld- oder Sachleistungen für Einzelpersonen, Organisationen und Veranstaltungen zur Erreichung eigenständiger Ziele, wobei Art und Umfang der jeweiligen Gegenleistung des Gesponserten in vielen Fällen vertraglich festgelegt sind. Es gibt im wesentlichen Sport-, Kultur-, Umwelt-, Wissenschafts- und Soziosponsoring. Sponsoring hat sich in den letzen 10 Jahren zu einem bedeutenden Kommunikationsinstrument entwickelt, wobei von Sponsoren unter CI-Gesichtspunkten sorgfältig geprüft werden muß, wie sich diese Maßnahmen mit der Unternehmensphilosophie und dem Leitbild vereinbaren lassen. Was veranlaßt z.B. große Autokonzerne Tourneen von Rockgruppen oder Theater- und Opernfestivals zu sponsern? Warum finanzieren Chemiekonzerne Umweltkongresse, stiften Stipendien und Umweltpreise? Wie lassen sich Firmeninteressen mit den Geldzuwendungen für Literaturpreise, Kindergärten, Flohmärkte und Tischtennisturniere kombinieren und optimieren? Außerdem muß überlegt werden, wie sich diese Maßnahmen in den Mix der anderen Kommunikationsinstrumente integrieren lassen und welche Synergieeffekte beabsichtigt sind. Vorrangig sind die Ziele des Sponsoring, das Image des Unternehmens dadurch zu verbessern und zu stabilisieren, daß die Verpflichtung und Verantwortung des Unternehmens für die Lösung drängender gesellschaftlicher Aufgaben und Probleme der Öffentlichkeit ins Bewußtsein gebracht wird.

Bereiche, Umfang, Maßnahmen und Ziele des Sponsoring

Die HYPO-Kulturstiftung

Wiederum soll die Hypo-Bank als Beispiel dienen. Dabei ist interessant, aus welchem Sponsoring-Verständnis heraus sie ihre Aktivitäten verfolgt.

Mit der Errichtung der Hypo-Kulturstiftung im Jahr 1983 schuf die Bank einen geeigneten Rahmen für ihre Aktivitäten als Förderer von Kunst und Kultur. Die Denkmalpflege und die Förderung der zeitgenössischen Kunst sind die beiden Schwerpunkte der Stiftung. Im Jahr 1986 verlieh die Hypo-Kulturstiftung erstmals einen mit DM 50.000 dotierten Denkmalpreis. Er wird seither jährlich an Eigentümer vergeben, die sich um die Erhaltung von Baudenkmälern in beispielhafter Weise verdient gemacht haben. Die zeitgenössische Kunst wird durch eine Vielzahl von Einzelmaßnahmen und einen "Museumsfonds" unterstützt, der Museen die Anschaffung von Werken zeitgenössischer Künstler ermöglicht. Außerdem ist die Stiftung Träger einer Kunsthalle, die 1985 eröffnet wurde. Durch ihre Lage in der Münchner Innenstadt (Theatinerstrasse - Fußgängerzone) bringt sie Kunst den Menschen im Alltag nahe. Regelmäßige Ausstellungsführungen für die HYPO-Mitarbeiter

Pflege von Kunst und Kultur

Elemente der Corporate Identity (CI)

sollen ihr Interesse und ihre Aufgeschlossenheit für moderne Kunst fördern. Unterstützend gibt es seit März 1994 die Mitarbeiterinitiative "HYPO-Kunstfreunde", die ihr Programm unter das Motto "Von Mitarbeitern für Mitarbeiter" stellt. Diese Initiative wird von den Ressorts Unternehmenskommunikation und Personal unterstützt. Spezielle Führungen für Kunden festigen die Kundenbeziehung über das eigentliche Bankgeschäft hinaus.

Museumsfond und Regieförderpreis

Entsprechend der Philosophie der HYPO-Bank soll Kunst nicht nur schmücken, sondern Anlaß zum Nachdenken geben. Deshalb bringt die HYPO moderne Kunst an den Arbeitsplatz. Sie erwirbt laufend Arbeiten von Studenten deutscher Kunstakademien, fördert sie dadurch finanziell und schafft ihnen in den Filialen ein ständiges Ausstellungsforum. Gleichzeitig bietet sie damit ihren Mitarbeitern eine anregende und kreative Arbeitsatmosphäre.

Weiterhin ist der Regieförderpreis für den jungen deutschen Film zu erwähnen, der ebenfalls jährlich mit einem Preisgeld von DM 50.000 verliehen wird.

Imageverbesserung durch Kulturförderung

Auffallend ist, wie sich die HYPO mit dem Begriff "Sponsoring" auseinandersetzt und welches Verständnis der HYPO-Identität gerecht wird. Die HYPO bündelt ihre Aktivitäten unter dem Oberbegriff "Kulturförderung". Dabei versteht sie sich nicht als selbstloser, stiller Mäzen. Sie ist aus ihrem Verständnis auch nicht Sponsor im klassischen Sinn, der Geld- und Sachmittel einsetzt, um von seinem Vertragspartner mit möglichst hohem Bekanntheitsgrad eine bestimmte Gegenleistung zu erhalten, die mit maximalem Nutzen verwertet werden kann. Als Kulturförderer verfolgt die HYPO durchaus eigennützige Ziele z.B. Förderung des Bekanntheitsgrades, Imageverbesserung, Unterstützung von Kundenkontakt und Kundenpflege, Möglichkeit der Mitarbeiterbetreuung etc. Zusätzliche Aspekte der HYPO-Kulturförderung sind die Wahrnehmung ihrer politischen und gesellschaftlichen Verantwortung als Wirtschaftsunternehmen, praktizierte Selbstverantwortung und die Förderung der Privatautonomie.

Vereinnahmung für Marketingzwecke

Wir teilen die Befürchtung, daß Sponsoring im klassischen Sinn durchaus die Gefahr mit sich bringt, daß Kunst, aber auch Sport und Umweltaspekte ausschließlich für Marketingzwecke vereinnahmt werden und zur Show mit "Menschen, Tieren, Sensationen" verkümmern. Im Rahmen einer CI-Strategie, die sich mit dem Nutzen der Organisation als Ganzes für die gesamtgesellschaftliche Entwicklung auseinandersetzt, muß Sponsoring auch die Förderung der gesellschaftlichen Meinungs- und Willensbildung zum Ziel haben.

Elemente der Corporate Identity (CI)

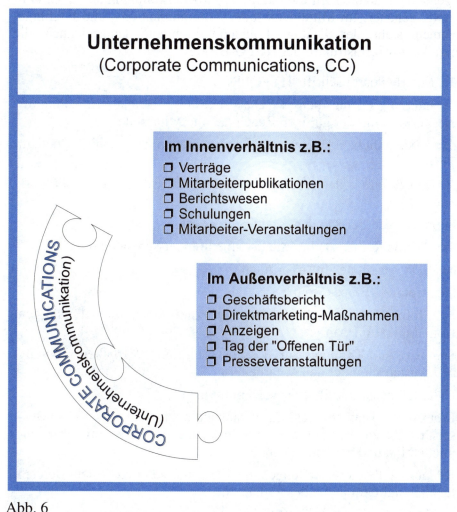

Abb. 6

Unternehmenskommunikation der HYPO-BANK

Am Beispiel der HYPO-BANK wollen wir aufzeigen, wie ein modernes Unternehmenskommunikationskonzept aussehen kann. 1989 hat die HYPO-BANK die Kommunikationsfunktionen organisatorisch im Bereich "Unternehmenskommunikation (UK)" zusammengefaßt und unmittelbar dem Vorstandssprecher zugeordnet. Zu diesem neu geschaffenen Bereich gehören heute:

- die interne Mitarbeiter-Kommunikation samt dem Veranstaltungsmanagement
- die Presse- und Öffentlichkeitsarbeit
- die Werbung
- die Außenstellenbetreuung
- das Vorstandssekretariat
- das Programm "Offenes Wort"
- die Zuständigkeit für das Erscheinungsbild der Bank (Architektur, Kunst, Design).

Unternehmenskommunikation

Elemente der Corporate Identity (CI)

Im folgenden beleuchten wir die interne Mitarbeiterkommunikation der HYPO-BANK genauer. Im Mittelpunkt aller Kommunikations- und Führungsmaßnahmen steht der Dialog. Folgende Elemente kennzeichnen die Kommunikationsinfrastruktur der HYPO-BANK:

Interne Mitarbeiterkommunikation

- die Mitarbeiterzeitschrift "HYPOPRESS";
- der interne Weisungsdienst IWD als zentrales Informationsmedium für die Vermittlung der gültigen Regeln an alle Mitarbeiter;
- der wöchentlich erscheinende "interne Stellenmarkt" mit aktuellem Thema;
- "Führungs-Info", der regelmäßige Informationsdienst für Führungskräfte;
- Publikationen der Kunden- und Fachressorts;
- die "Weiße Reihe" als Informationsmedium zu Spezialthemen;
- das EDV-gestützte "Info-Terminal";
- die Infotafel "Blaues Brett";
- das "Info-Telefon bei UK/Mitarbeiter" zum Auffinden der richtigen Kommunikationspartner;
- Seminare und Trainings zur Wissensvermittlung, Verhaltensschulung und Austausch unter den Mitarbeitern;
- Unternehmens- und Betriebsversammlungen;
- Klausuren, Teamentwicklungsveranstaltungen und der "NochBesser-Prozeß" zur Lösung fachlicher Probleme, Verbesserung der Kommunikation und Zusammenarbeit;
- Bildungsstellenveranstaltungen, um die Mitarbeiter aus einem Bereich fachlich auf dem laufenden zu halten;
- regelmäßige Mitarbeiterbesprechungen auf allen Ebenen;
- laufender Dialog zwischen Mitarbeitern und Vorgesetzten (Zielvereinbarungs-, Coaching-, Beurteilungs- und Entwicklungsgespräche).

Öffentlichkeitsarbeit des Münchner Informationszentrums für Männer (MIM) e.V.

Unternehmenskommunikation in einer sozialen Einrichtung

Als Beispiel für die Unternehmenskommunikation in einer sozialen Organisation wählen wir das Münchner Informationszentrum für Männer (MIM) e.V. Diese 1988 gegründete Selbsthilfegruppe hat sich in wenigen Jahren von einer kleinen, wenig beachteten Initiative zu einer Fachberatungsstelle für Männer entwickelt, die in ihrem Angebotsumfang und in ihrer Ausstattung einzigartig in Bayern ist. Schlugen den Initiatoren zu Beginn ihrer Arbeit von den Männern noch Verwunderung, Unverständnis oder Mitleid, von den Frauen Skepsis, Amüsiertheit oder Ablehnung entgegen, so treffen sich seit 1992 im MIM regelmäßig ca. zwölf Selbsthilfegruppen mit durchschnittlich acht Teilnehmern zum intensiven Erfahrungsaustausch.

Elemente der Corporate Identity (CI)

Vier Gruppen arbeiten unter fachlicher Anleitung kontinuierlich an den Themenschwerpunkten:

- Gewalt gegen Frauen
- Trennung und Scheidung
- Männer nach der Lebensmitte
- Opfer von sexuellem Mißbrauch.

Den Ansturm von über 3500 telefonischen Anfragen jährlich und die Vielzahl der Einladungen zu öffentlichen Veranstaltungen, Seminaren, Workshops, Weiterbildungen etc. können die beiden hauptamtlichen Mitarbeiter kaum mehr bewältigen. Um der hohen Bedeutung der Öffentlichkeitsarbeit besser gerecht werden zu können, wurde durch Beschluß der Mitgliederversammlung die Zuständigkeit hierfür auf der Vorstandsebene angesiedelt. Das seit der Gründung vorliegende Konzept für Öffentlichkeitsarbeit wurde weiterentwickelt und in folgende Bausteine, Elemente und Aktionen umgesetzt:

Konzept für Öffentlichkeitsarbeit

- Erstellung eines Informationsfolders mit Leitbild und Beratungsangeboten;
- Tag der offenen Tür;
- Teilnahme an Arbeitskreisen und Fachveranstaltungen (z.B. Arbeitskreis für Familienrichter, Vormundschaftsrichter, Beratungsstellen, Sachverständige und Rechtsanwälte);
- Teilnahme an Aktionen (z.B. Selbsthilfetag der Stadt München, bundesweites Treffen aller Männerberatungsstellen "Männerforum `90");
- gemeinsame Veranstaltungen mit anderen Institutionen (Evangelisches Forum, Münchner Volkshochschule e.V.);
- Aufbau und Pflege eines lokalen, regionalen und bundesweiten Presseverteilers, inklusive Fachzeitschriften aus dem psychosozialen und medizinischen Bereich;
- Erstellung einer Pressemappe;
- Gründungspressekonferenz;
- regelmäßige Redaktionsbesuche und Kontakte zu Journalisten;
- Festschrift mit Beiträgen der Vereinsmitglieder und hauptamtlichen Mitarbeiter zum fünfjährigen Bestehen der Einrichtung;
- Buchveröffentlichung "Mann Sein - ein Wagnis?"
- Leserbriefaktionen zu gesellschaftspolitischen Themen (z.B. Reform des § 218, Sexismus in den Medien);
- Briefaktionen (z.B. an die Richter des Bundesverfassungsgerichts);
- Teilnahme an Anhörungen (z.B. der SPD-Bundestagsfraktion);
- jährliche Erstellung von Tätigkeitsberichten und Verwendungsnachweisen;
- Mitgliederversammlungen einmal im Quartal;
- monatlicher "Jour fix" als Treffpunkt für Mitglieder und Interessenten.

Bausteine, Elemente, Aktionen

2.5 Unternehmens-Erscheinungsbild (Corporate Design, CD)

Einheitliches Erscheinungsbild

Unternehmen, die eine eindeutige Positionierung im Markt anstreben, benötigen ein nach innen und außen einheitliches Erscheinungsbild, das Selbstverständnis und Philosophie des Unternehmens verkörpert. Ein geschlossenes visuelles Konzept ist wesentliches Instrument, das Unternehmen hervorzuheben und seine besondere Kompetenz und Eigenart zu betonen.

Der CD-Aspekt bezeichnet

Geschlossenes, visuelles Konzept

- ❑ den stimmigen Entwurf der einzelnen visuellen Signale des Unternehmens und
- ❑ den durchgängigen, aufeinander abgestimmten und wiederholten Einsatz aller visuellen Elemente auf der Basis verbindlicher Regeln.

Abgestimmtes Erscheinungsbild

Hierzu zählt die Gestaltung von Produkten, Verpackungen, Werbematerialien, Gebäuden, Fahrzeugen, etc. mittels Formen, Farben, Schriften und Symbolen. An die Grafik-, Produkt-, Verpackungsdesigner und Architekten richten sich dabei die folgenden komplexen Anforderungen bei der Erfindung funktionaler und anmutender Lösungen:

- ❑ Erfassen der Ideen und Absichten des Herstellers oder Dienstleisters
- ❑ unter Berücksichtigung der firmeninternen Gestaltungstradition
- ❑ vor dem Hintergrund einer aktuellen Sinn- und Geschmackskultur.

Firmenlogo der HYPO-BANK

Firmenlogo als Wort-Bild-Marke

Zentrales Element der CD-Aspekts ist das Firmenlogo, eine kombinierte Wort-Bild-Marke. Als Beispiel dient hier das Logo der HYPO-BANK. Als älteste der heute noch bestehenden großen Banken des privaten Kreditgewerbes in Deutschland präsentiert sich die HYPO-BANK durch die Bildmarke (Signet) Wappen/Krone als ein bodenständiges Unternehmen mit über 150jähriger Tradition. Das 1835 mit "Allerhöchster Genehmigung" durch König Ludwig I. von Bayern verliehene Privileg, Wappen und Krone aus dem Bayerischen Königswappen im Namen führen zu dürfen, gilt auch heute noch als Garant für die Pflege und Wahrung des königlichen Gründungsauftrags: die Förderung der mittelständischen Wirtschaft. Die Wortteile "HYPO" und "BANK" präsentieren sich in spezifisch gestreckten Großbuchstaben einer gleichmäßig starken Antiquaschrift ohne Serifen. Als Warenzeichen geschützt, bietet der Firmenname in Verbindung mit dem Bildteil "Wappen/Krone" einen hohen Wiedererkennungswert.

Elemente der Corporate Identity (CI)

Abb. 7

Für die Gestaltung des Firmenlogos, wie auch für die Entwicklung und den Einsatz aller anderen visuellen Elemente eines Unternehmens müssen die Bestimmungsfaktoren der angestrebten CI die Richtung weisen. Bei der HYPO-Bank sind dies:

- Diskretion
- Humanität
- Größe
- Tradition und
- Fortschritt.

Angestrebte CI

Unternehmensfarben

Ein weiteres wesentliches CD-Element sind die Unternehmensfarben. Die HYPO-BANK wählte als Unternehmensfarbe ein elegantes, seriös wirkendes Dunkelblau mit der Bezeichnung HKS 38. Sie leitet sich ab aus der Geschichte des Hauses und seines königlichen Fördereres, König Ludwig I. von Bayern und steht außer für die bereits genannten Bestimmungsfaktoren für Seriösität, Zuverlässigkeit, Besonnenheit, Weite und Eleganz. Ergänzende Farben sind in einem speziellen Farbcode festgelegt. Sie kennzeichnen entsprechend der Unternehmensstruktur die fünf Kundenressorts der HYPO-Bank:

Kennzeichnung durch Unternehmensfarben

- Privatkunden und Service
- Geschäftskunden und Freie Berufe
- Vermögensanlage
- Immobilienkunden
- Firmenkunden und Banken

Elemente der Corporate Identity (CI)

Architektur

Zeitgenössische Architektur

Neben Vorschriften über die Verwendung von Schriften und Formaten mißt die HYPO-BANK der Architektur besondere Bedeutung zu. Das HYPO-Hochhaus in München-Bogenhausen, das 1981 fertiggestellt wurde, gilt als herausragendes Beispiel zeitgenössischen Bauens in München. Es dient als Vorbild für das Schaufenster-Kommunikations-System "HYPO-Online", greift die bildnerischen, visuellen und ästhetischen Gestaltungselemente der Zentrale auf und verbindet über das signifikante Design Zentrale und Filialnetz miteinander.

Weitere Kommunikationsmittel

Gestaltungselemente und Wiedererkennungswert

Weitere Instrumente, die über die Art und Weise ihrer Gestaltung das Erscheinungsbild eines Unternehmens mittragen, sind der Geschäftsbericht, Imagebroschüren, Anzeigen und sonstige Werbeartikel. In der Vielfalt aller verwendeten Kommunikationsmittel ist aus CI-Sicht darauf zu achten, daß sich die vereinbarten Stilelemente immer wiederholen. Nur die konsequente Anwendung der Gestaltungselemente verhilft einem Unternehmen zu einem hohen unternehmensspezifischen Wiedererkennungswert bei Kunden, Interessenten und der breiten Öffentlichkeit, (zu den Grundsätzen und Anwendungsregeln siehe Seite 71 Kommunikations- und Gestaltungsleitlinien).

Das Erscheinungsbild des MIM e.V.

Bei der Konzeption eines möglichst stimmigen Erscheinungsbilds für das Münchner Informationszentrum für Männer e.V. haben sich die Gründer von folgenden Überlegungen leiten lassen:

CI für männliche Identität

- ❑ Die Selbsthilfeeinrichtung sollte sich, weil in Ziel, Zielansprache und Inhalt neu, auch über das Design aus den Beratungsangeboten im psycho-sozialen Bereich hervorheben.
- ❑ Modernität, Professionalität in der Beratung, in Fragen der Organisation, im Umgang mit der Öffentlichkeit und den Fördermitteln sollten signalisiert werden.
- ❑ Die Thematik "Männlichkeit, männliche Identität, Mann-Sein" und die Botschaft eines veränderten Umgangs unter Männern sollen ausgedrückt werden.

Kraftvoll, mutig, offen,

Um diese Anliegen klar, leicht verständlich und gefühlsmäßig ansprechend zu symbolisieren, wählten die Gründer als Logo das Mars-Zeichen (traditionelles Männlichkeitssymbol des Kreises mit Pfeil nach rechts oben) und ergänzten es um einen gleich dimensionierten Pfeil mit Richtung auf die Kreismitte. Das klassische Marszeichen steht für den kraftvollen, offensiven und mutigen Mann, während der Pfeil nach innen gewissermaßen die komplementären Ergänzungen von Empfindsamkeit, Vorausschau und Vorsicht symbolisiert. Als Tönung des Pfeils nach innen wurde eine "moderne" Farbe gewählt. Das Pink mit der Druckfarbenbezeichnung HKS 27 mit dem versetzten Schatten in HKS 92 (dunkelgrau) soll das Bild des einfühlsamen und kraftvollen Mannes, der sich mit seinen Gefühlen und Wünschen beschäftigt, unterstreichen. Der farblich abgestufte Schatten des Signets, der elegant wirkt und den Eindruck erweckt, das Symbol würde leicht schweben, soll die Hochwertigkeit des An-

Empfindsamkeit, Vorausschau, Vorsicht

Elemente der Corporate Identity (CI)

gebots, Gewandtheit und Erfahrung im Umgang mit dem Thema "Mann sein" transportieren. Außerdem sollen Leichtigkeit und Lockerheit zum Ausdruck kommen und die Botschaft gesendet werden: in jeder Krise liegt eine Chance.

Bestandteil des Logos ist der Name der Einrichtung. Als Schrift wurde Avantgarde gewählt, um das MIM als vorausdenkende und dynamische Einrichtung darzustellen. Die beiden M's (von Münchner und Männer) sind als Zierbuchstaben herausgehoben um die Thematik M = Mann nochmals zu betonen.

Abb. 8

Um ein einheitliches Erscheinungsbild in der Öffentlichkeit und bei den Zielgruppen sowie die Wiedererkennbarkeit der Angebote und des Anliegens zu gewährleisten, sind die Geschäftsausstattung (Briefpapier, Umschläge, Visitenkarten, Stempel) und die Prospekte, Festschriften, Tätigkeitsberichte, Türschilder, etc. aufeinander abgestimmt und alle farblich und formlich gleich gestaltet.

Abstimmung in Form und Farbe

Elemente der Corporate Identity (CI)

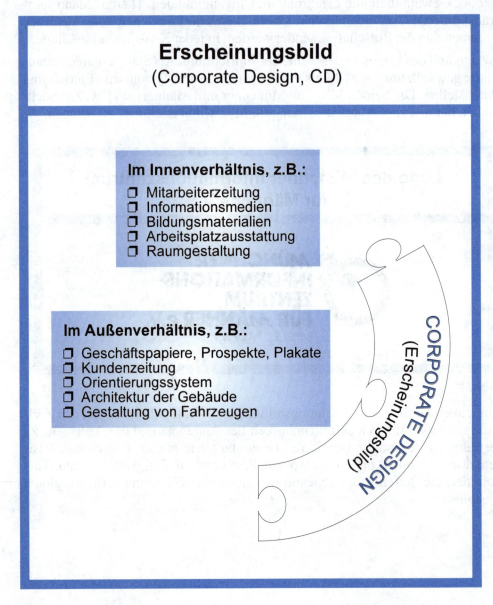

Abb. 9

2.6 Unternehmenskultur (Corporate Culture, CC)

Gelebte Unternehmenswirklichkeit

Wir verstehen unter Unternehmenskultur die von den Mitarbeitern aller Ebenen in ihren Arbeitszusammenhängen aktuell gelebte Unternehmenswirklichkeit. Sie ist nicht identisch mit dem Idealbild, der Corporate Identity, sondern die Praxis, die unterschiedlich nah am Ideal ist. Wir halten fest, daß jede Organisation als soziales System eine Kultur entwickelt und daß diese Kultur wandlungsfähig ist. Sie ist für jedes einzelne Mitglied der Organisation erfahrbar; jedes einzelne Mitglied wird als Teil des Ganzen von der Kultur geprägt und gestaltet zugleich die Kultur mit, indem es sie akzeptiert und mitträgt oder sie ablehnt und sich entzieht. Verlassen zum Beispiel Leistungsträger ein Unternehmen, so entsteht oftmals eine Sogwirkung, die weitere Kündigungen auslöst und somit eine Veränderung des Klimas und des Miteinanders zur Folge hat.

Elemente der Corporate Identity (CI)

In vielen Unternehmen existieren neben den schriftlich niedergelegten Leitbildern und Richtlinien heimliche Regeln und Rituale, ungeschriebene Gesetze und Verhaltenskodizes, die an der Gestaltung der Unternehmenskultur in hohem Maße mitwirken. Bei Veränderungsprozessen erweisen sich diese heimlichen Regeln häufig als schwer zu überwindende Barrieren, bzw. sabotieren die Prozesse, wenn sie nicht sorgfältig analysiert und berücksichtigt werden (manager magazin 6/94).

Heimliche Regeln und Rituale

„Ruf doch mal an!" - bei der Telekom

Die handlungssteuernde Kraft der Unternehmenskultur hängt davon ab, wie bewußt die Kultur zum Gegenstand der strategischen Unternehmensführung gemacht wird. An einem kleinen Beispiel, das die Autoren selbst erlebt haben, soll der Abstand von Ist- und Soll-Kultur dargestellt werden.

Abstand von „Ist - und Soll-Kultur"

"Ruf doch mal an!" "Wir sind für Sie da! Mit Angebot, Leistung und Service."

Mit diesen Werbeslogans wirbt die Telekom um Telefonkunden und präsentiert sich in den Medien als zukunftsorientierter Dienstleister -gewissermaßen ihr Idealbild, Selbstbild, ihre Soll-Kultur. Und nun das angekündigte, selbst erfahrene Beispiel:

> Ort der Handlung: Frankfurt/M.
>
> Zeitpunkt: 1991
>
> Beteiligte: Deutsche Telekom, ein Telefonkunde.
>
> *1. Akt*: Der Kunde versucht im amtlichen Telefonbuch die Telefonnummer des Telekomladens in der Innenstadt in Frankfurt herauszufinden, um die vom allgemeinen Postdienst abweichenden Öffnungszeiten zu erfragen. Leider ohne Erfolg.
>
> *2. Akt*: Der Telefonkunde bemüht die Telefonauskunft. Fehlanzeige. Es ist keine Telefonnummer des Telekomladens registriert.
>
> *3. Akt*: Besuch im Telekomladen. Der Kunde erfährt den Grund für die bisher fehlgeschlagenen Bemühungen, telefonischen Kontakt mit der Telekom aufzunehmen: Durch die ständigen Anrufe von Kunden sei der Beratungsprozeß im Telekomladen stark behindert worden. Deshalb habe man sich entschlossen, den Anschluß für Kunden abzuschaffen. (Kleines Bonmot am Rande: Dieser Ratschlag wurde der Telekom von einem renommierten Beratungsunternehmen gegeben).
>
> *4. Akt*: Der Telefonkunde schüttelt verwundert sein Haupt und geht mit seinem neuen Störenfried (Telefon) schließlich glücklich und zufrieden nach Hause.

„Leben auf dem Lande" - Landhotel Schindlerhof

Es gibt aber auch Beispiele für Dienstleister, die das, was sie in der Werbung versprechen, auch leben. Dazu zählt das mittlerweile überregional bekannte Landhotel und Kreativzentrum "Schindlerhof" in Nürnberg-Boxdorf. Der Gründer, 1990 zum "Hotelier des Jahres" ausgezeichnet, hat in seinem Hoteldorf die Motivation der Mitarbeiter auf überzeugende Weise zum zentralen Erfolgsfaktor gemacht. In ihrer Arbeit lassen er und seine Mitarbeiter sich von folgender Unternehmensphilosophie leiten:

Mitarbeitermotivation als zentraler Erfolgsfaktor

MANAGEMENT

Elemente der Corporate Identity (CI)

Elemente einer gelebten Unternehmensphilosophie

- Wir sind ein Hoteldorf, das ein locker-legeres "Leben auf dem Lande" und ein effektives "Tagen im Gleichklang von Geist und Gefühl" bei hohem Erlebniswert ermöglicht.
- Wir führen unser Unternehmen ehrlich, zuverlässig und gerecht und orientieren uns dabei an Menschlichkeit, Liberalität und Toleranz.
- Wir befriedigen die hohen Ansprüche unserer Gäste ohne Einschränkung.
- Wir erfüllen unsere gesellschaftliche und soziale Verpflichtung.
- Wir bekennen uns zu unserer Verantwortung gegenüber der Umwelt.
- Wir fördern mit unserer kreativ und lustvoll interpretierten Naturküche die Gesundheit unserer Gäste.
- Wir ermöglichen unseren Gästen einen gesunden Aufenthalt.
- Wir verfolgen gemeinsame und gemeinsam erarbeitete Unternehmensziele.
- Wir haben unser Unternehmen klar gegliedert und Verantwortungsbereiche sauber abgesteckt.
- Wir streben für unser Unternehmen folgendes Image an: Wir sind fröhlich und jung, bieten Außergewöhnliches und Erstklassiges.
- Wir erzielen einen Gewinn, der das Unternehmen finanziell unabhängig macht, unser Wachstum im Dienste der Unternehmensziele ermöglicht, die Sicherheit unserer MitunternehmerInnen garantiert, neue Arbeits- und Ausbildungsplätze schafft und somit das Unternehmen langfristig sichert.
- Wir lassen uns mit unseren Leistungen von keinem Mitbewerber überbieten.

Daß dies nicht nur Lippenbekenntnisse sind, sollen einige Beispiele aus der Schindlerhof-Praxis zeigen:

Mitarbeitermotivation zum „Wohl der Gäste"

- Das Organigramm des Hotels steht seit dem 1. Quartal 1991 "auf dem Kopf", d.h. nicht die Unternehmensleitung und die Führungskräfte stehen an der Spitze, sondern die Mitarbeiter, die mit ihren Leistungen unmittelbar für das Gästewohl sorgen.
- Visitenkarten haben im Schindlerhof auch Hausmeister, Zimmermädchen und Auszubildende.
- Jeder neue Mitarbeiter erhält einen Paten und findet bereits am ersten Arbeitstag Visitenkarten und ein Zeitplanbuch in seinem Postfach und sein Bild im Netzwerk.
- Schon nach wenigen Arbeitstagen eines neuen Mitarbeiters wird seine Familie mit einem freundlichen Brief zum Gourmet-Menue mit anschließender Führung durch das Haus eingeladen.

Elemente der Corporate Identity (CI)

- Der Inhaber nimmt seine Mitarbeiter so ernst, wie sie ihre Aufgabe nehmen sollen. Vom ersten Bewerbungsgespräch an begegnet er ihnen als Partner, die Anspruch auf Offenheit und Fairneß haben. Jeder, gleich ob Auszubildender oder Zimmermädchen, kennt die Jahreszielpläne, die Bilanzzahlen, den Schuldenstand und die Gehälter des Top-Managements.
- Zahlreiche Sonderleistungen honorieren außergewöhnliches Engagement und Kreativität (vgl. manager magazin 9/1990).

Gore - „No ranks no titles"

Ein weiteres Unternehmen, dessen Mitarbeiter produktbezogen, projektorientiert und eigenverantwortlich im Team arbeiten, ist der Technologiekonzern Gore. Er beschäftigt weltweit über 5000 Menschen, die mit einer Handvoll Regeln auskommen, dabei effektiv und effizient zusammenwirken, und das, obwohl ihnen als Lohn weder Titel noch Positionen winken. Kein Wunder, daß selbst Kunden mitunter ungläubig den Kopf schütteln.

Verzicht auf Titel und Hierarchie

Diese ungewöhnliche System funktioniert deshalb so gut, weil die Pflege der Kultur wichtigster Bestandteil der täglichen Arbeit ist. Den Ursprung hat dieses Bestreben in der Vision des Gründers Wilbert L. (Bill) Gore, der sich 1958 mit der festen Überzeugung selbständig gemacht hat, "daß es möglich sein müsse, kreativ und erfolgreich in einem Team mit gleichberechtigten Leuten zu arbeiten." "Geld verdienen und Spaß haben und das mit einer flachen Organisationsstruktur", so hat Bill Gore seine Philosophie umschrieben, für deren Verwirklichung ihm die Einhaltung von vier Prinzipien wichtig schien:

- *Freiheit*: Jeder Mitarbeiter soll sich so entwickeln können, wie es seinen Fähigkeiten entspricht. Dazu braucht er Know-how, Chancen, Ermutigung und Erfahrung - Freiheit muß verdient werden.

Freiheit

- *Waterline*: d.h. Fehler sind verzeihbar. Oberhalb der Wasserlinie ist jedes Experiment erlaubt, unterhalb ist Vorsicht geboren. In diesem Bereich soll zunächst der Rat erfahrener Kollegen eingeholt werden. Jedes neue Projekt muß zwei Fragen standhalten:

  a) Ist das, wofür ich meine Energie und meinen Enthusiasmus investiere, den Aufwand wirklich wert?

  b) Und was, wenn die Sache schiefgeht? Wäre das Scheitern für uns verkraftbar?

Fehlerfreundlichkeit

- *Selbstverpflichtung (Commitment):* Jeder Mitarbeiter ist verantwortlich, bestimmt seine Verpflichtungen selbst und hält sich auch daran. Das verdeutlicht der Unternehmensgrundsatz "No ranks - no titles".

Selbstverpflichtung

- *Fairneß*: Sie bildet die Basis der Zusammenarbeit und kennzeichnet das Verhältnis zwischen Coach und Teammitgliedern (Gore-intern: Sponsor und Sponsee) genauso wie den Umgang mit den Kunden (vgl. manager magazin 6/1995).

Fairneß

Kreativität kleiner Organisationseinheiten

Ein wesentliches Merkmal der beiden vorgestellten Unternehmen darf nicht unterschlagen werden. Ihre Mitarbeiterzahl ist überschaubar, im Schindlerhof liegt sie unter 100, bei Gore kommt es zur Zellteilung, wenn eine Organisationseinheit 150 - 170 Personen erreicht hat. Mit derart überschaubaren Mitarbeiterzahlen lassen sich, wie die Erfahrung zeigt, die Probleme in Betrieben und Unternehmen besser lösen als in Großorganisationen. An Kreativität und Innovationsfähigkeit sind die kleinen Organisationseinheiten den großen allemal überlegen (vgl. auch Pkt. 6. Kritische Anmerkungen).

Abb. 10

2.7 Unternehmensimage (Corporate Image)

Abbild in der Realität

Das Unternehmensimage ist das gewertete Abbild des Unternehmens in der Realität. Es ist das Bild, das sich die Kunden, die Lieferanten, alle weiteren Marktpartner und die Gesellschaft, aber auch die Mitarbeiter vom Unternehmen machen bzw. gebildet haben. Zu unterscheiden ist zwischen dem internen und dem externen Image.

Das interne Image

Wunschbild, Unternehmensrealität und „Wir-Gefühl"

Mitarbeiter erleben ihr Unternehmen tagtäglich, Woche für Woche, Monat für Monat - in guten wie in schlechten Phasen. Sie gestalten und prägen die Unternehmenskultur mit und sind gleichzeitig durch sie beeinflußt. Wie sie, jeder einzelne von ihnen, die Unternehmenskultur, d. h. die täglich erfahrene und gelebte Alltagsrealität einschätzen, beeinflußt das interne Image des Un-

Elemente der Corporate Identity (CI)

ternehmens. Je mehr das Wunschbild, die CI, mit der Unternehmensrealität übereinstimmt, desto besser fällt die Wertung des Unternehmensimage durch die Mitarbeiter aus, desto ausgeprägter und stabiler ist das Wir-Gefühl. An diesem Zusammenhang wird noch einmal deutlich, daß eine CI-Strategie nur mit allen Mitarbeitern entwickelt und durchgeführt werden kann (vergl. Seite 12). Wenn ein Unternehmen eine innovative CI-Strategie verfolgt, müssen alle Mitarbeiter auf allen Ebenen von Anfang an beteiligt werden und sowohl vom Ziel als auch dem Weg dorthin überzeugt sein.

Das externe Image

Das Bild, das sich die Kunden, Zulieferer, Marktpartner und die breite Öffentlichkeit von einem Unternehmen machen, ist das externe Image. Je höher die Übereinstimmung zwischen erlebter Unternehmensrealität und dem vom Unternehmen kommunizierten Selbstbild ist, desto höher ist die Kundenbindung, desto stärker die Akzeptanz bis zur Identifikation der Bevölkerung mit dem Unternehmen. "Wenn das Image einer Firma stimmt, kaufen die Kunden auch deren Produkte... Gerade bei immer kürzeren Produktzyklen brauchen die Menschen eine Orientierung, und da dies die Marke oft nicht mehr leisten kann, kann sie nur noch die Unternehmenspersönlichkeit selbst bieten" (*H. Kroehl* in manager magazin 10/1994).

*Kundenbindung,
Akzeptanz,
Identifikation*

MANAGEMENT

Elemente der Corporate Identity (CI)

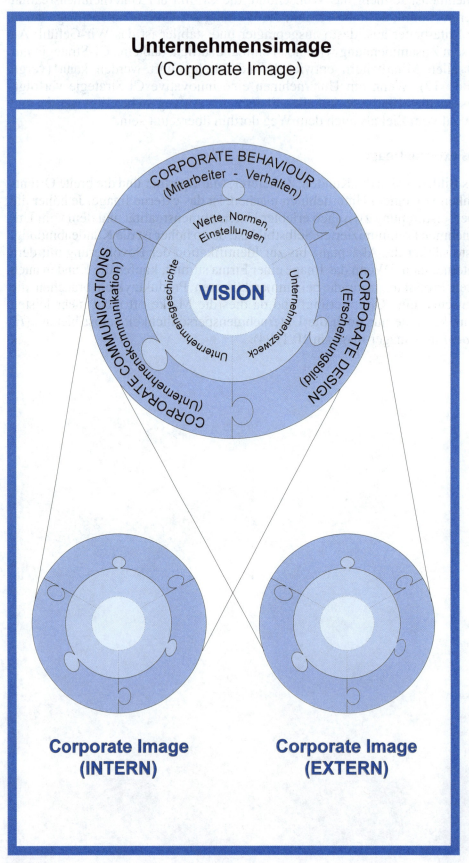

Abb. 11

Anlässe für die Entwicklung einer CI-Strategie

3 Anlässe für die Entwicklung einer CI-Strategie

> Es ist besser, ein Licht zu entzünden,
> als die Dunkelheit zu verfluchen.
> *Chinesisches Sprichwort*

Der permanente Wandel in unserer Gesellschaft bedingt die laufende strategische Weiterentwicklung der Kulturen und Strukturen in den Unternehmen und sozialen Organisationen. Insoweit stellen die kritische Überprüfung und gegebenenfalls Revision der Unternehmensidentität eine Daueraufgabe dar, für deren Erfüllung immer wieder geeignete Planungsinstrumente entwickelt bzw. eingesetzt und organisatorische Regelungen getroffen werden müssen. Darüber hinaus gibt es aber konkrete Ereignisse, die eine völlige oder teilweise Neu- oder Umorientierung der Organisation im Markt bedeuten und die eine kritische Klärung des bisher gelebten Selbstverständnisses geradezu herausfordern. Solche Anlässe sind beispielhaft:

Überprüfung der Unternehmensidentität als Daueraufgabe

3.1 Neugründung

Am Beginn einer Organisation steht in der Regel eine Vision, d.h. die Gründer haben eine Vorstellung davon, welchen Beitrag sie zur Bedarfsbefriedigung der Gesellschaft leisten wollen.

„Vision" der Gründer

Wir wählen als Beispiel noch einmal das Münchner Informationszentrum für Männer e.V. (MIM), eine Selbsthilfeinitiative auf dem Sektor der psychosozialen Beratung in einer Großstadt, die 1988 gegründet wurde. Die Gründer hatten die Absicht, eine Einrichtung ins Leben zu rufen, die

- ❑ unter dem Motto "Hilfe statt Strafe" auf der Basis der humanistischen Psychologie (der Mensch ist wandelbar/veränderbar) für Männer ein breites Selbsthilfeangebot bereitstellt,
- ❑ den Wandel und Nutzen des präventiven Ansatzes in der Psychologie, Sozialarbeit und Kriminalistik einer breiteren Öffentlichkeit zu Gehör bringt,
- ❑ die Gewaltformen im familialen Nahbereich abbauen hilft
- ❑ und dadurch einen Beitrag zu einem veränderten Selbstverständnis und Rollenbewußtsein des Mannes leistet.

CI-Strategie des MIM

Dieser Gründerwille traf auf die folgenden Rahmenbedingungen:

- ❑ Soziologische und psychologische Studien hatten gezeigt, daß Strafen, vor allem Haftstrafen, allein zu keinem positiven Veränderungsprozeß bei den Betroffenen führen. Deshalb war in Fachkreisen die Diskussion darüber in Gang gekommen, welche weiteren Angebote denn Erfolg haben könnten.
- ❑ Parallel dazu hatte sich der Präventionsgedanke in vielen Bereichen zunehmend durchgesetzt.
- ❑ In der Gesellschaft und in den Medien war eine zunehmende Bereitschaft zur Auseinandersetzung mit dem Thema Gewalt, vor allem im familialen Nahbereich, entstanden.
- ❑ Die Stadt München hatte seit 1986 ein Selbsthilfekonzept realisiert, das die öffentliche Förderung solcher Initiativen ermöglichte.

Rahmenbedingungen der CI-Strategie

Anlässe für die Entwicklung einer CI-Strategie

Wenngleich einerseits die "Zeitqualität" für die Entstehung einer solchen Einrichtung günstig war, so mußte diese Initiative im Interesse einer kurzfristigen inneren Stabilisierung und einer raschen Etablierung ihrer Angebote den möglichen Zielgruppen, wie der breiten Öffentlichkeit, erst lokal, dann regional und überregional bekannt gemacht werden.

3.2 Umgründung

Neustrukturierung

Ein weiterer Anlaß für die Entwicklung einer CI-Strategie ist die Neustrukturierung (Rechtsform, Name, Organisations-, Ablauf-, Führungs-, Gehaltsstruktur, etc.) einer Organisation mit weitreichenden Auswirkungen nach innen und außen. Als Beispiel wählen wir hierfür die Deutsche Flugsicherung GmbH (DFS), die zum 1.1.1993 von einer Bundesbehörde, der Bundesanstalt für Flugsicherung (BFS), in ein privates Dienstleistungsunternehmen umgewandelt wurde. Dieser Privatisierung auf der Basis des geänderten Grundgesetzartikels 87d und des Luftverkehrsgesetzes lag die Überlegung zugrunde, daß ein privat geführtes Unternehmen vermehrt den Anforderungen gerecht werden würde, die an die Erbringung der Dienstleistung "Flugsicherung" im europäischen Kontext zukünftig zu stellen sind. Die folgenden Herausforderungen stellten sich in dieser Phase an die Flugsicherungsorganisation:

CI-Strategie der Deutschen Flugsicherung GmbH (DFS)

- ❑ Die Schwierigkeiten und Hindernisse in der Anpassung an die neuen Strukturen sollten möglichst rasch überwunden werden, ohne daß die Unternehmensstabilität in dieser Übergangsphase gefährdet würde.
- ❑ Eine Steigerung der Effizienz des Unternehmens - "Die Dinge richtig zu tun" - sollte ebenso bewirkt werden, wie eine Steigerung der Effektivität im Unternehmen - "Die richtigen Dinge zu tun".
- ❑ Die langfristige Sicherung der Mitarbeiterpotentiale sollte über die Organisationsprivatisierung hinaus gewährleistet werden und eine Erhöhung der Arbeitsfreude damit verbunden sein.
- ❑ Die neue DFS sollte als moderner, mitarbeiterorientiert denkender und handelnder Arbeitgeber auftreten, um bestqualifizierte neue Mitarbeiter gewinnen zu können.
- ❑ Im Zuge der Umwandlung sollte eine stärkere Orientierung an den Bedürfnissen und Wünschen der Kunden umgesetzt werden.

Von der Bundesbehörde zum privaten Dienstleistungsunternehmen

- ❑ Gleichzeitig sollte das Image der Flugsicherung in der breiten Öffentlichkeit und bei den Kunden verbessert und der Weg zur Vorbildorganisation für andere inner- und außereuropäische Flugsicherungsdienste geebnet werden.

Pilotcharakter weiterer Privatisierungen

Darüber hinaus hatte diese Umgründung Pilotcharakter für weitere Privatisierungen bundeseigener Unternehmen (Postdienst, Telekom, Bundesbahn), wodurch die Notwendigkeit der strategischen Planung und Entwicklung der CI dieser Orgnisation gerade zu diesem Zeitpunkt nochmals verdeutlicht wird.

Nach einer Notiz im *Platow*-Brief (Nr.135 vom 22.Nov.1995) ist "... nach der Mutation in die privatwirtschaftliche Rechtsform der GmbH ... der Behördenmuff verflogen. Die Pünktlichkeit der innerdeutschen Verbindungen liegt wieder bei 95%. Mitte der 80er Jahre waren noch 25-30% der Flüge verspätet..."

Anlässe für die Entwicklung einer CI-Strategie

3.3 Änderung des Aufgabenprofils oder der Produktpalette

Die Änderung des Aufgabenprofils bedingt eine Neufassung der CI. Das Beispiel eines Betreuungsvereins in der Region München soll diesen Fall verdeutlichen.

Das am 1. 1. 1992 in Kraft getretene Betreuungsgesetz regelt die persönliche Betreuung kranker und gebrechlicher Mitbürger und Mitbürgerinnen neu. Stand im vormals gültigen Vormundschafts- und Pflegschaftsrecht vor allem die Verwaltung des Vermögens der Betroffenen im Vordergrund, soll dagegen im neuen Gesetz die Person Mittelpunkt aller Bemühungen sein unter dem Motto: "Betreuung statt Entmündigung".

Die neuen gesetzlichen Bestimmungen veränderten den bisherigen Auftrag und das klassische Selbstverständnis der Betreuungsvereine grundlegend und führten zu einer tiefgreifenden Neuorientierung. Inhalte der CI-Strategie mußten deshalb sein:

❑ das neue Verständnis von Betreuungsarbeit einer größeren Öffentlichkeit bekannt zu machen;

❑ mehr Betreuer und Betreuerinnen für den ehrenamtlichen Einsatz anzusprechen und zu gewinnen;

❑ das Image der Betreuungsvereine als moderne soziale Dienstleister zu etablieren.

Betreuung statt Entmündigung

3.4 Neustrukturierung des Unternehmens

Die Neustrukturierung eines Unternehmens kann geeigneter Anlaß sein für die strategische Entwicklung der Corporate Identity. Als Beispiel dient uns wieder die HYPO-BANK. Aufgrund eines Vorstandsbeschlusses vom Juli 1993 setzt sich die neue Organisationsstruktur aus fünf Kundenressorts (vgl. Seite 33) und den Fachressorts zusammen, an deren Spitze jeweils ein bzw. mehrere Vorstandsmitglieder stehen. Gründe für die Neustrukturierung liegen in veränderten Kundenwünschen und Wettbewerbsbedingungen im Breitengeschäft und in nicht genutzten Potentialen im Kundenbestand. Leitidee der neuen Organisationsstruktur ist die Vertriebsorientierung, die verstärkt auf die Kundenbedürfnisse eingeht und alles Handeln im Unternehmen auf den Kunden ausrichtet.

Vertriebsorientierung als Leitidee

Ein weiteres aktuelles Beispiel aus dem Bereich gemeinnütziger Organisationen ist der Malteser-Hilfsdienst e.V. (MHD). Bei den nicht gewinnorientierten Einrichtungen kommt es vor allem in Zeiten knapper Geldmittel darauf an, einen vorgegebenen finanziellen Rahmen so zu nutzen, daß ein Höchstmaß an Ergebnissen herauskommt. Und das bedeutet für einen Hilfsdienst, sich den Marktveränderungen zu stellen, die Betätigungsfelder unter verschiedenen Perspektiven immer wieder neu zu betrachten und sie gegebenenfalls zu verändern.

Fachverband für Notfallvorsorge

Der Malteser-Hilfsdienst und die Malteser-Werke (sie betreiben feste Einrichtungen wie Kliniken und Altersheime) haben rund

- 700 000 Mitglieder
- 2 500 hauptamtliche Beschäftigte
- 30 000 ehrenamtliche Mitarbeiterinnen
- 4 000 Zivildienstleistende
- 500 Mio. Umsatz allein im Malteser-Hilfsdienst pro Jahr.

„Malteser 2000"

Im Rahmen des CI-Projekts "Malteser 2000" galt es, eine Vision zu entwickeln, die von allen Mitarbeitern getragen und auf der strategischen Ebene von ihnen auch umgesetzt werden konnte. Der Malteser-Hilfsdienst (MHD) sollte weiterhin ein Fachverband für die Notfallvorsorge und soziale Dienste bleiben, sich gleichzeitig aber den geänderten Markterfordernissen im Sozial- und Gesundheitswesen anpassen. Ergänzendes Projektziel war es, den MHD von einer zentralistischen Administration, orientiert an der Verwaltungsstruktur der katholischen Kirche mit ihren Diözesen, hin zu einer "selbstlernenden Organisation" zu entwickeln, die rascher auf sich verändernde Kunden- und Marktbedürfnisse reagieren würde.

Folgende sechs Fragen standen am Beginn des CI-Prozesses:

Von der zentralistischen Administration zur selbstlernenden Organisation

- Auf welchen gemeinsamen Grundwerten kann sich die Mehrzahl der Mitarbeiter und Mitglieder des Malteser Hilfsdienstes verständigen?
- Welche Hilfsleistungen sollen künftig angeboten werden?
- Wie lassen sich die Verbandsfinanzierung sichern, die Kosten senken und ein wirtschaftlicher Umgang mit den zur Verfügung stehenden, begrenzten Mitteln erreichen?
- Wie müssen sich die Innenverhältnisse verändern, damit die Positionen von Haupt- und Ehrenamt geklärt und eine Professionalisierung der Dienstleistungen angestrebt werden kann?
- Wie müssen die Kompetenzen über die Hierarchieebenen verteilt werden?
- Wie müssen die Prozeßabläufe, insbesondere der Leistungen, und deren Öffentlichkeitsarbeit gestaltet werden?

Am Ende des neunmonatigen Projekts standen die Vision für den MHD als Gesamtorganisation und seine daraus abgeleitete neue strategische Ausrichtung fest. In drei Kategorien wollen die Malteser künftig ihre Angebote fassen:

Kerndienste, Standarddienste, Individualdienste

- vermarktungsfähige und flächendeckende Kerndienste (z.B. Rettungsdienst, Auslandsarbeit, Ausbildung);
- Standarddienste (z.B. Sanitäts-, Behindertenfahrdienst und Mahlzeitendienst, Katastrophenschutz, Jugendarbeit, Hausnotruf);
- Individualdienste, die vor Ort je nach Interesse und personeller Verfügbarkeit gestaltet werden können.

In einer Vielzahl von internen Projektgruppen treiben die Mitarbeiter die Umsetzung der neuen Strategien zur Zeit voran (vgl. mobil 3/1995).

Anlässe für die Entwicklung einer CI-Strategie

3.5 Wechsel des Managements bzw. der Geschäftsführung

Beispielhaft für diesen Anlaß zur Entwicklung einer neuen CI-Strategie ist die Hannover Rückversicherungs-Aktiengesellschaft - mit ca. 450 Mitarbeitern die Nummer Zwei auf dem deutschen Rückversicherungsmarkt. Das Führungsverhalten und die Kommunikation im Unternehmen und nach außen waren durch die Persönlichkeit des über viele Jahre erfolgreich tätigen Vorstandsvorsitzenden geprägt worden. Zum Jahreswechsel 1991/92 folgte ein neues Management, das, kaum installiert, schon in der Übergangssituation eine neue Standortbestimmung durchzuführen suchte:

Wechsel im Management

- ❑ Wo befinden wir uns?
- ❑ Wo wollen wir hin?

Ziel der Untersuchung war, Gemeinsamkeiten und Unterschiede der Werte, Normen und Einstellungen im Unternehmen zu identifizieren, um daraus Grundsätze und Instrumente zur Schaffung einer integrativen Corporate Identity zu entwickeln.

3.6 Umzug der Betriebsstätte und Neuorganisation

Am 17. Mai 1992 wurde der neue Flughafen München in Betrieb genommen.

„Aus alt mach neu"

Anlaß für eine umfangreiche CI-Strategie war, daß das Selbstverständnis des alten Flughafens nicht auf die neue Betriebsstätte übertragbar war. Der neue Flughafen sollte

- ❑ "zwischen Natur und Technik vermittelnd" wirken;
- ❑ ein auf 12 - 14 Mio. Passagiere angewachsenes Fluggastaufkommen reibungslos abwickeln;
- ❑ in Funktionalität und Gestaltung einem modernen, internationalen Flughafen entsprechen;
- ❑ "Bayerns Tor zur Welt" darstellen;
- ❑ eine besonders kundenfreundliche Nutzbarkeit gewährleisten.

In einer langen Reihe von "runden CI-Tischen", an denen alle Beteiligten teilnahmen, wurde schließlich geplant und umgesetzt, was heute als modernster Flughafen Deutschlands gilt.

Anlässe für die Entwicklung einer CI-Strategie

3.7 Fusion - Zusammenschluß von Unternehmen

Fusion statt Konkurrenz

1993 schlossen sich die Veitscher Magnesitwerke AG und die Radex Austria AG zur Veitsch-Radex AG in Wien zusammen. 100 Jahre hatten sich die beiden Unternehmen als Konkurrenten gegenüber gestanden. Die Mitarbeiter der beiden Feuerfest-Spezialisten hatten unterschiedliche Einstellungen, Wertvorstellungen und Verhaltensweisen entwickelt. Bis zum Zusammenschluß war jeweils der andere der Maßstab für Qualität und Fortschritt, an dem man sich gemessen hatte. Das beauftragte Beratungsunternehmen hatte nun folgende Aufgaben zu lösen:

- ein gemeinsames Führungs- und Wertesystem zu entwickeln und nach innen und außen zu kommunizieren;
- durch Unternehmensprofilierung und Produktpositionierung eine klare Marktpräsenz für das Unternehmen zu schaffen;
- die Traditionen beider Unternehmen in Einklang zu bringen mit einer den Wandel gestaltenden Innovationsbereitschaft, ohne daß sich die Mitarbeiter von Veitscher oder Radex als Verlierer fühlen mußten;
- Transparenz der neuen Struktur, Aufgaben und Angebote zu vermitteln.

Die Veitsch-Radex AG hat die Fusion mit Hilfe einer CI-Strategie erfolgreich vollzogen. Sie gehört heute mit mehr als 3000 Mitarbeitern zu den Marktführern in mehreren Segmenten der Feuerfest - Industrie.

4 Umsetzung einer CI-Strategie

*Bewältige eine Schwierigkeit
und Du hältst hundert andere von Dir fern.
Konfuzius (551 - 479 v. Chr.)*

4.1 "Ein Wort voraus"

"Über Change-Management-Prozesse ist immer viel zu rosig berichtet worden. Veränderungen sind blutige, brutale Eingriffe in einen Organismus - das muß jeder wissen, der damit anfängt" (*M. Dierkes,* manager magazin 6/94, S. 171ff). Wer vorhat, einen Veränderungsprozeß in einem Unternehmen zu initiieren und durchzuführen, muß sich diese Erkenntnis zu eigen machen, will er nicht nach kurzer Zeit an den Blockaden und Widerständen der Mitarbeiter scheitern oder in einer oberflächlichen Standortbestimmung hängen bleiben. Nach vorliegenden Expertenschätzungen scheitern 80% der Veränderungsprojekte allein deshalb, weil die geheimen Regeln, Denkmuster und Weltbilder der Mitglieder einer Organisation bzw. eines Unternehmens in ihrer Wirkung unterschätzt oder gar nicht wahrgenommen werden. "Wir haben zweimal McKinsey überlebt - wir werden auch Boston Consulting überleben" (*St. Skirl,* manager magazin 6/94, S. 171ff). Mit dieser Einschätzung begegnen Mitarbeiter häufig jenen in der Regel auch noch sehr teuren Beratungsfirmen, die es gewohnt sind, ihre "technokratischen" Veränderungsprozesse ohne Rücksicht auf die verborgene "Beharrungskreativität" der Mitarbeiter durchzuführen (vgl. Beck/Schwarz 1995:36ff).

McKinsey überleben

MANAGEMENT

Umsetzung einer CI-Strategie

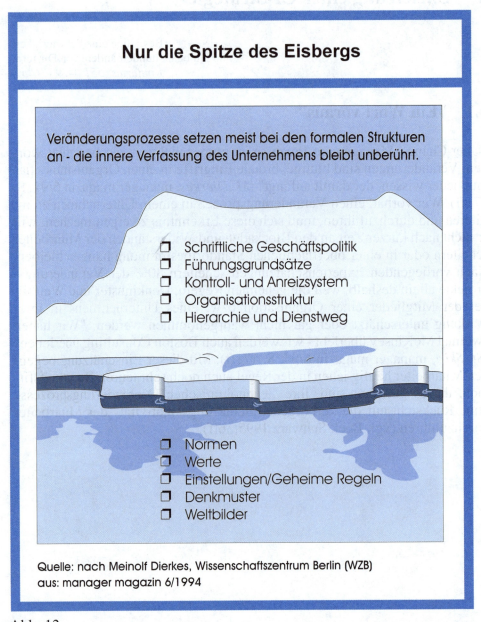

Abb. 12

Organisation als lebendiges System

Noch so ausgeklügelte Strategien und Konzepte sind wirkungslos oder "versanden" mit der Zeit, weil die Initiatoren des Veränderungsprozesses im Unternehmen nicht bei den individuellen Zielen und der Lernfähigkeit jedes einzelnen Mitarbeiters angesetzt haben. Jede Organisation ist ein lebendiges System, das in mühevoller Arbeit eine spezifische Lösung für seine Probleme finden muß. "Wer Kontinuität im Wandel sicherstellen und ein engagiertes Mitgehen der Menschen erreichen will, darf ihre spezifischen Orientierungs- und Wertmaßstäbe nicht vernachlässigen, geschweige denn ignorieren" (D. Hartmann, SZ v. 2./3. 10. 1994).

Umsetzung einer CI-Strategie

Abb. 13

Deshalb ist es unbedingt nötig, die geheimen Regeln herauszufinden. Das gelingt am ehesten folgendermaßen:

- durch Stichprobeninterviews mit offenen Fragen zur Unternehmenskultur, z.B.: "Was würden Sie Ihrem besten Freund raten, wenn er morgen in Ihrer Abteilung anfangen würde?
- "Welches Motto beschreibt am besten die Zusammenarbeit in Ihrem Team?"
- "Welche Witze werden in Ihrem Unternehmen erzählt?"
- "Beschreiben Sie ein Ereignis, das Ihrer Ansicht nach typisch ist für die Kundenorientierung (Mitarbeiter-, Leistungs-, Kosten-, Innovations-, Erfolgs-, Technologieorientierung) Ihres Unternehmens".
- "Was sagen Kunden, wenn sie sich über Ihr Unternehmen unterhalten?"
- "Über welche Informationen aus Ihrem Unternehmen würden sich Ihre Mitbewerber freuen?"
- Über eine anonyme Kärtchenabfrage (Metaplanmethode) in Coachings und Trainingsmaßnahmen zum Thema: "Wünsche, Fragen, Anregungen an die Geschäftsführung" oder "Was sollte der Vorstand wissen?"
- Über eine "Einschätzung wichtiger Kulturfaktoren" mit anschließender

Die geheimen Regeln der Organisation

> Diskussion der Ergebnisse bei Bildungsmaßnahmen (Die einzelnen Faktoren werden von den Teilnehmern auf einer vorbereiteten Pinwand mit Klebepunkten gewichtet.)?
> ❑ Über die teilnehmende Beobachtung durch Berater bei Kundengesprächen, Besprechungen, Veranstaltungen etc.?

Einschätzung wichtiger Kulturfaktoren

Datum:
Seminar:

Faktor	sehr stark 5	stark 4	mittel 3	schwach 2	sehr schwach 1
Vertriebsorientierung					
Kundenorientierung					
Gleichbehandlung und Fairness					
eindeutige Unternehmenspolitik/Strategie					
Ausgleich von Unternehmens- und Mitarbeiterinteressen					
Information und Kommunikation					
Identifikation mit dem Unternehmen					
Arbeitszufriedenheit					
Veränderungsbereitschaft/-fähigkeit					
Qualitätsoptimierung					
herausfordernde, realistische Ziele					
Anerkennung von Leistung					
Kreativität / Innovationsfreude					

Abb. 14

Alle diese Daten müssen gesammelt und ausgewertet werden. Sie dienen als Korrektiv für die Leitbildentwicklung und sind bei allen weiteren Maßnahmen der CI-Umsetzung miteinzubeziehen.

Umsetzung einer CI-Strategie

4.2 Erste Schritte

Erster Schritt bei der Umsetzung bzw. Einführung einer CI-Strategie ist die Bildung einer Projektgruppe, die den Auftrag der Geschäftsleitung erhält, eine neue CI zu entwickeln und zu implementieren. Sie sollte sich aus Vertretern aller Geschäftsbereiche und Führungsebenen einschließlich der Geschäftsleitung zusammensetzen. Externe Berater unterstützen die Projektgruppe und erweitern die Analyse um die Sichtweise außenstehender Dritter. Um von Anfang an für alle Mitarbeiter des Unternehmens Transparenz zu schaffen, muß der Prozeß der CI-Entwicklung und Umsetzung durch die regelmäßige interne Kommunikation begleitet werden.

Bildung einer Projektgruppe

4.3 Einführungsworkshop

Nachdem die Mitglieder der Projektgruppe feststehen, treffen sich diese zu einem ersten "konstituierenden" Workshop. Er dient der Klärung folgender Fragen:

- ❑ Wie arbeiten wir in der Projektgruppe zusammen und welche "Spielregeln" stellen wir für den Umgang miteinander auf? (Aufgrund verschiedener Hierarchieebenen und Bereichszugehörigkeiten sind Regeln notwendig, um den gleichberechtigten Dialog zu ermöglichen).
- ❑ Was verstehen wir unter den Begriffen Vision, Unternehmensphilosophie, Unternehmenszweck, Leitbild, Leitlinien, etc.? (Wenn am Beginn des Projekts keine gemeinsame Sprache festgelegt wird, wird es unter den Teilnehmern immer wieder zu zeitraubenden Meinungsverschiedenheiten und Mißverständnissen kommen).
- ❑ Wie wollen wir vorgehen? (Festlegung der weiteren Schritte in einem Projektplan).
- ❑ Wer hat welche Aufgaben? (Festlegung der Kompetenzen und Handlungsspielräume, Auswahl eines Projekt-Controllers).
- ❑ Wie führen wir die Ist-Analyse durch? (Festlegung der verschiedenen Instrumente und Methoden).
- ❑ Welches Budget steht uns für welchen Zeitraum zur Verfügung? (Beraterhonorare nicht vergessen!).
- ❑ Welche Widerstände gegen das CI-Projekt sind zu erwarten? (Auseinandersetzung mit den geheimen Regeln, Ritualen und Verhaltenskodizes im Unternehmen).

Spielregeln, Vorgehensweisen, Handlungsspielräume

Methoden, Instrumente, Widerstände

4.4 Analyse der IST-Situation

Zur Erhebung des IST-Zustandes stehen verschiedene Instrumente zur Verfügung, die parallel oder in Folge angewendet werden können. Entscheidend dabei ist die zielgerichtete Auswertung der Ergebnisse im Hinblick auf den Soll-Zustand.

Selbstbildanalyse

Für die Selbstbildanalyse haben sich folgende Instrumente bewährt:

Instrumente der Ist - Analyse

- ❑ schriftliche oder mündliche Mitarbeiterbefragung;
- ❑ desk-research bezüglich Erscheinungsbild, Unternehmensdaten, Fluktuation und Fehlzeiten im Unternehmen, etc.;
- ❑ Auswertung des Kummerkastens, der Leserbriefe in der Mitarbeiterzeitung;
- ❑ Befragung des Betriebsarztes und der sozialen Dienste;
- ❑ Auswertung von TQM-Circles;
- ❑ Diskussionszirkel mit den Mitarbeitern;
- ❑ Befragung der Führungskräfte aller Ebenen und des Betriebsrats;
- ❑ verschiedene Abfragen zu den Kulturfaktoren (s. 4.1).

Mitarbeiterbefragung

Beispielhaft soll hier das Instrument der Mitarbeiterbefragung mittels Fragebogen beschrieben werden. Dieses wichtige Diagnoseinstrument sollte in regelmäßigen Abständen eingesetzt werden, so daß Einstellungen und Beurteilungen im Zeitverlauf beobachtet werden können. Um Datenfriedhöfe zu vermeiden, empfiehlt es sich, die Ziele der Befragung vorher klar zu vereinbaren und festzulegen.

Ziele der Mitarbeiterbefragung sind:

Engagement, Einstellungen, Wünsche, Veränderungsbedarf

- ❑ Diagnose des Engagements und der Verpflichtung der Mitarbeiter gegenüber dem Unternehmen (commitment);
- ❑ Identifikation von Schwachstellen in der Organisationsstruktur und im Prozeßablauf;
- ❑ Herausfinden der Wünsche und Veränderungsbedarfe der Mitarbeiter;
- ❑ Analyse der Einstellungen der Mitarbeiter bezüglich der Unternehmens- und Produktstrategie.

Wichtig ist, daß Kommunikationsmaßnahmen die Befragung begleiten, so daß die Mitarbeiter über Sinn und Zweck von Anfang an informiert sind. Ist ein Betriebsrat vorhanden, empfiehlt es sich, diesen von Beginn an (z.B. in die Projektgruppe) einzubinden und eine Betriebsvereinbarung abzuschließen.

Umsetzung einer CI-Strategie

Der Fragebogen wird sinnvollerweise in zwei Bereiche gegliedert:

- in einen konstanten Frageteil, der immer wieder abgefragt wird und
- in einen variablen Frageteil zu jeweils aktuellen Themen.

Folgende Themenkomplexe können Bestandteil des konstanten Frageteils sein:

Konstanter Frageteil

- Verpflichtung, Engagement
- Betriebsklima
- Arbeits- und Ablauforganisation
- Führungskultur
- Personalentwicklung und -betreuung
- Zusammenarbeit in den Bereichen und bereichsübergreifend
- Kommunikationskultur.

Folgende Themen können Bestandteil des variablen Frageteils sein:

- Umbenennung des Unternehmens
- Fusion des Unternehmens
- Neustrukturierung
- Einführung des CI-Projekts.

Variabler Frageteil

Die Themenkomplexe müssen im Fragebogen differenziert und operationalisiert werden. Es empfiehlt sich, fünf Ausprägungsgrade festzulegen. Außerdem können die Wichtigkeit sowie die Zufriedenheit der einzelnen Punkte abgefragt werden.

Verpflichtung, Commitment

Fragebogen zum Themenkomplex „Verpflichtung"

- Würden Sie sich bei der xy-Company wieder bewerben?
- Würden Sie die xy-Company aufgrund Ihrer Erfahrungen Freunden und Bekannten als Arbeitgeber weiterempfehlen?
- Wie stark identifizieren Sie sich mit der xy-Company?
- Wie beurteilen Sie das Engagement Ihrer Kollegen?
- Wie beurteilen Sie die Wettbewerbsfähigkeit der xy-Company?
- Wie zufrieden sind Sie insgesamt mit Ihrem Arbeitsplatz bzw. mit ihrem Arbeitgeber?

Abb. 15

Interview

Als weiteres Instrument der Mitarbeiterbefragung eignet sich das Interview. Der folgende Musterleitfaden ist schon bei verschiedenen größeren Unternehmen eingesetzt worden - jeweils ergänzt um unternehmensspezifische Fragen.

Umsetzung einer CI-Strategie

Das Interviewprotokoll enthält neben dem Deckblatt für Personalien und den Fragen genügend Raum für handschriftliche Notizen, um Stichworte und wörtliche Zitate aufzunehmen (vgl. *Doppler/Lauterburg, 1995*).

Interviewleitfaden

1. Einleitung des Gespräch (5-10 Min.)
- Persönliche Vorstellung des Interviewers
- Information:
  - Ziele, Ablauf und Zeitplan der Mitarbeiterbefragung
  - Anzahl und Auswahl der Befragten
  - Wichtigste Themen des Gesprächs (Übersicht geben, was kommt)
  - Vorgehen bei der Auswertung (Vertraulichkeit)
  - Protokollierung (stichwortartige Notizen)
- Gelegenheit geben zu Rückfragen

2. Derzeitige Tätigkeit (5-10 Min.)
- Zunächst zu Ihrer Tätigkeit. Ich sehe, daß Sie hier als.... arbeiten. Ich habe zwar eine gewisse Vorstellung davon, was man da macht - aber nur sehr allgemein. Können Sie mir kurz schildern, wie ein ganz normaler Arbeitstag bei Ihnen abläuft - d.h., was Sie von morgens bis abends ganz konkret tun?

3. Motivation (5 Min.)
- Welches sind die schönsten Seiten Ihres Berufes? Was gefällt Ihnen an Ihrer Aufgabe?
- Was macht einem in Ihrer Tätigkeit Freude? Was gibt Ihnen Befriedigung oder Stolz auf das, was sie gemacht haben?

4. Belastungen (5 Min.)
- Jeder Beruf hat auch seine Schattenseiten. Welches sind die unangenehmeren Begleitumstände oder Belastungen, mit denen man in Ihrer Tätigkeit normalerweise rechnen muß?

5. Positive Aspekte des betrieblichen Geschehens (5-10 Min.)
- Wenn sie an die Arbeitsabläufe im betrieblichen Alltag denken - was läuft da Ihrer Meinung nach gut? Was hat man Ihrer Ansicht nach gut organisiert? Was sollte auch in Zukunft möglichst so bleiben? Was sind Dinge, von denen Sie sagen: Das hat sich bewährt?

6. Kritische Aspekte des betrieblichen Geschehens (15-20 Min.)
- Was läuft im betrieblichen Alltag nicht so gut, wie es könnte oder sollte?
- Gibt es Dinge, die Ihnen für die Zukunft Sorgen machen - z.B. im Hinblick auf die Effizenz der Arbeit, die Sicherheit, das Arbeitsklima oder Ihre eigene Arbeitsfreude?
- Was könnte Ihrer Ansicht nach passieren, wenn man nichts tut?
- Wo liegen Ihrer Ansicht nach die Ursachen?
- Wie könnten diese Probleme gelöst werden? Wer müßte das tun?

Umsetzung einer CI-Strategie

7. Führung und Zusammenarbeit (5 Min.)

- Wie beurteilen Sie das Klima, die Führung und die Zusammenarbeit in Ihrem engeren Arbeitsumfeld, speziell in Ihrem Team? Wie gut oder wie schlecht kommt man da miteinander aus?
- Gibt es außerberufliche Kontakte untereinander? Welcher Art?
- Kann man bei der Gestaltung und Organisation der Arbeit mitsprechen, oder wird grundsätzlich nur angeordnet? Wird man um seine Meinung gefragt? Kann man Vorschläge einbringen - und werden diese berücksichtigt?
- Welche Eigenschaften schätzen Sie an Ihrem Vorgesetzten besonders? Welche dagegen schätzen Sie weniger?

8. Kontakte mit höheren Stellen (5 Min.)

- Haben Sie ab und zu auch mit höheren Vorgesetzten persönlichen Kontakt?
- Welche dieser Kontakte beurteilen Sie als angenehm, welche weniger? Warum?

9. Zusammenarbeit mit anderen Funktionsbereichen (5 Min.)

- Mit was für anderen Abteilungen oder Bereichen haben Sie im betrieblichen Alltag gelegentlich zu tun?
- Was läuft da Ihrer Ansicht nach gut in der Zusammenarbeit? Was läuft weniger gut? Was müßte verbessert werden?

10. Information und Kommunikation (5-10 Min.)

- Als Mitarbeiter eines nicht gerade kleinen Unternehmens möchte man ja auch ein wenig darüber informiert sein, was wann warum geschieht oder auch nicht geschieht, was sich im Gesamtunternehmen tut und was in nächster Zeit auf einen zukommt. Wie erfahren Sie normalerweise solche wichtigen Neuigkeiten?
- Wer spricht bei welchen Gelegenheiten mit Ihnen über solche Fragen?
- Was für schriftliche Informationen erhalten Sie? Wie nützlich finden Sie diese?
- Gibt es Fragen, auf die Sie gerne eine Antwort hätten, aber bisher nicht erhalten haben?

11. Personalpolitik (5 Min.)

- Wie beurteilen Sie die Personalpolitik des Unternehmens insgesamt?
- Was erwarten Sie an fachlicher und persönlicher Förderung in diesem Unternehmen?
- Fühlen Sie sich bezüglich Ihrer beruflichen Entwicklung ausreichend unterstützt und beraten? Wenn nein, wer müßte was tun?
- Was haben Sie in Ihren bisherigen Kontakten mit Vertretern der Personalabteilung insgesamt für Erfahrungen gemacht?

> *12. Unternehmensleitung (5 Min.)*
> - Wie beurteilen Sie die Leitung des Gesamtunternehmens und die Politik der Geschäftsleitung?
> - Gibt es Fragen, mit denen die Geschäftsleitung sich Ihrer Ansicht nach besonders intensiv befassen sollte?
> - Wenn der oberste Chef Sie bitten würde, ihm eine Anregung zu geben - was würden Sie ihm in einem Satz sagen?
>
> *13. Image des Unternehmens (5 Min.)*
> - Was für ein Ansehen hat das Unternehmen Ihrer Ansicht nach in der Öffentlichkeit?
> - Was macht Ihrer Ansicht nach das Unternehmen als Arbeitgeber attraktiv, was vielleicht eher unattraktiv?
> - Wie empfinden Sie persönlich den Werbeauftritt des Unternehmens in den Medien?
>
> *14. Blick in die Zukunft (5 Min.)*
> - Zum Schluß sozusagen als Quintessenz: Angenommen, man könnte nur eines oder zwei der heute in Ihrem beruflichen Alltag vorhandenen Probleme angehen - welches wären für Sie die wichtigsten Dinge, die verändert werden müßten?
> - Welche Lösungen könnten Sie sich vorstellen - und wer müßte oder könnte sie Ihrer Ansicht nach verwirklichen?
> - Und wenn Sie an das Unternehmen insgesamt denken, was wäre Ihrer Meinung nach das Wichtigste, das verbessert oder verändert werden sollte?
>
> *15. Abschluß des Gesprächs (5 Min.)*
> - Danken für das interessante Gespräch
> - Nachfrage, wie der/die Interviewpartner/in das Gespräch empfunden hat.
> - Nochmaliger kurzer Hinweis, wann und auf welchem Wege Information über die Ergebnisse der Befragung erwartet werden kann.
>
> Quelle: Doppler/Lauterburg, 1995:180ff

Abb. 16

Fremdbildanalyse

Selbsteinschätzung und Fremdwahrnehmung

Die Selbstbildanalyse reicht nicht aus, das Unternehmensimage in allen seinen Facetten zutreffend darzustellen. Wesentliche Ergänzung ist die Analyse des Bildes, das sich die Kunden, die Marktpartner und die breite Öffentlichkeit vom Unternehmen machen. Am Beispiel der Kundenorientierung soll aufgezeigt werden, wie weit Selbsteinschätzung und Fremdwahrnehmung auseinanderfallen können.

In der weltweit größten Studie über Kundennähe wurden von der Universität Mainz mehr als 500 überwiegend deutsche Unternehmen untersucht. Dabei erreichen diese "... Unternehmen in der Bewertung ihrer Kunden bei keinem der untersuchten Faktoren auch nur annähernd zufriedenstellende Werte. An-

Umsetzung einer CI-Strategie

ders gesagt: das typisch deutsche Unternehmen hat gute Produkte, aber bei allem, was darüber hinausgeht, beispielsweise Prozeßqualität oder Dienstleistungsqualität, sind Defizite unübersehbar" (*Ch. Homburg,* manager magazin 1/1996, S. 144ff).

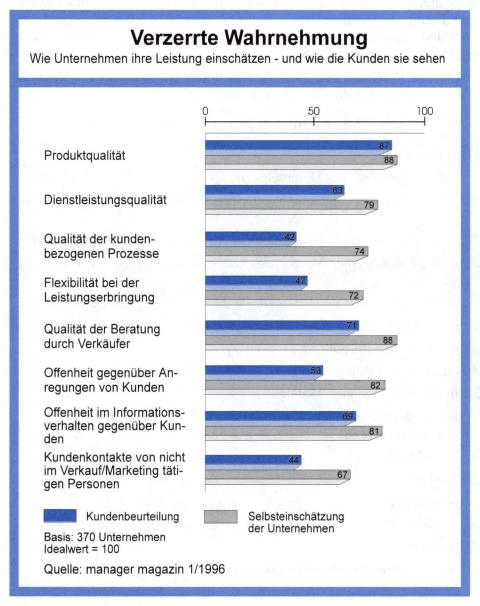

Abb. 17

Für die Fremdbildanalyse haben sich folgende Instrumente bewährt:

- Kundenbefragung (schriftlich, mündlich oder stichprobenartig),
- Medienanalyse (Auswertung der Berichterstattung in den elektronischen und Printmedien),
- Auswertung der Kundenbeschwerden,
- Testkäufe.

Instrumente der Fremdbildanalyse

Umsetzung einer CI-Strategie

4.5 Auswertungsworkshop

Nach der ausführlichen Ist-Analyse ergibt sich eine verwirrende Vielfalt von Daten. Dieses Material muß verdichtet, ausgewertet und für die weitere Bearbeitung und Präsentation visualisiert werden. Typische Aussagen in anonymisierter Form, die wörtlich zitiert werden, illustrieren generell formulierte Trends und tragen damit zum besseren Verständnis der Ergebnisse bei (vgl. auch: Doppler/Lauterburg, 1995).

Der folgende Fragenkatalog kann die Zuordnung der Ergebnisse erleichtern und die Grundlage für die CI und das Leitbild liefern:

Zuordnung und Strukturierung der Ergebnisse

Unternehmensgrundsätze: Wo Sie derzeit stehen

I. Das Unternehmen

1. Selbstverständnis des Unternehmens
- Mit welchem der folgenden Worte sprechen Sie derzeit vom Unternehmen? Ich, Es, Wir, Ihr, Sie...
- Gibt es bereits einen bestimmten Unternehmensstil? Wie sieht er aus?
- Gibt es bereits eine „Vision" des Unternehmens? Wenn ja, wie lautet sie?

2. Stellung des Unternehmens - wie ist die derzeitige Stellung?
- in der Branche
- in der Volkswirtschaft
- international/global
- in den verschiedenen Märkten?

3. Ziele des Unternehmens - Verfolgt das Unternehmen klare Ziele in Bezug auf folgende Bereiche? Wie lauten diese?
- Produkte
- Kunden
- Mitarbeiter
- Gesellschaft
- Sonstiges

II. Die Produkte und Dienstleistungen

1. Die Art der Produkte und Dienstleistungen des Unternehmens
- Welche Produkte und Dienstleistungen bietet das Unternehmen an?
- Wie versteht das Unternehmen seine Produkte und Dienstleistungen?

2. Nutzen des Angebots
- Welchen Nutzen können die Kunden des Unternehmens aus den Produkten und Dienstleistungen ziehen?
- Welchen Sinn haben die Produkte und Dienstleistungen? Was will das Unternehmen mit seinen Produkten und Dienstleistungen erreichen?

Umsetzung einer CI-Strategie

3. Qualität und Technologie
- Wie ist derzeit die Qualität der Produkte und Dienstleistungen des Unternehmens (einschließlich der Qualität der eingesetzten Rohstoffe und Vorleistungen)?
- Wie ist die Preispolitik des Unternehmens (Niedrigpreisangebote; lieber teuer als schlechte Qualität)?
- Welche Technologie und welche technischen Verfahren werden zur Herstellung der Produkte eingesetzt? Gibt es grundsätzliche Aussagen zur verwendeten und verwendbaren Technologie?

III. Die Kunden

1. Zielgruppen
- Wer sind unsere Kunden?
- Gibt es interne Kundschaftsverhältnisse (die eine Abteilung als Kunde einer anderen)?
- Gibt es Personen bzw. Unternehmen, die das Unternehmen nicht als Kunde will?

2. Bedeutung der Kunden
- Was bedeuten die Kunden für den Erfolg des Unternehmens?
- Welche Priorität wird der Kundenzufriedenheit eingeräumt? Gibt es einschränkende Bedingungen? Gibt es dazu klare Aussagen?

IV. Die Geschäftspartner

1. Was erwartet das Unternehmen von seinen Geschäftspartnern (Banken, Zulieferern etc.)?
- Was müssen die Geschäftspartner leisten?
- Was dürfen sie nicht tun?

2. Was erwarten die Geschäftspartner vom Unternehmen?
- Was bietet das Unternehmen seinen Partnern?
- Was dürfen die Geschäftspartner vom Unternehmen nicht erwarten?

V. Die Öffentlichkeit

1. Welche gesellschaftliche Stellung und welche damit verbundenen Verpflichtungen nimmt das Unternehmen ein?
- in der Gemeinde?
- in der Region?
- im Bundesland?
- im Staat?
- international?

2. Welche Verpflichtungen nimmt das Unternehmen gegenüber Menschen wahr, die nicht in unmittelbarem Kontakt mit ihm stehen?

3. Das Verhältnis des Unternehmens zu den Medien
- Welche Rolle spielen die Medien für das Unternehmen?
- Welche Informationspolitik betreibt das Unternehmen?
- Wie regelmäßig und transparent werden die Medien informiert?

VI. Wettbewerber und Wettbewerbsverhalten

1. Wer sind die Konkurrenten des Unternehmens? Wie ist die Stellung des Unternehmens am Markt im Vergleich zu den wichtigsten Konkurrenten?
2. Welches Verhalten der Konkurrenten erwartet das Unternehmen?
3. Wie verhält sich das Unternehmen gegenüber Wettbewerbern? Wie versucht es, sich gegenüber Wettbewerbern durchzusetzen?

VII. Die Mitarbeiter

1. Was will das Unternehmen für seine Mitarbeiter sein (Heimat, Brötchen- oder Sinngeber)?
2. Was bedeuten die Mitarbeiter für den Erfolg des Unternehmens?
3. Was erwartet das Unternehmen von seinen Mitarbeitern (Kompetenz, Engagement etc.)?
4. Was bietet das Unternehmen seinen Mitarbeitern?
- Welche und wie ausgestattete Arbeitsplätze?
- Welche Chancen und Möglichkeiten der aktiven Selbstverwirklichung (am Arbeitsplatz, im Weiterkommen, in der Aus- und Weiterbildung)?
5. Wie werden die Mitarbeiter im Unternehmen geführt (Führungsstil, Hierarchien, Kommunikationsmittel und -wege, Führungsinstrumente)?

VIII. Die Besonderheiten des Unternehmens

1. Aussagen, die die spezifische Struktur des Unternehmens betreffen (Verhalten gegenüber Tochtergesellschaften; bei Beteiligungen, Übernahmeversuchen etc.).
2. Aussagen zu spezifischen Leistungen des Unternehmens
- Welche Besonderheiten zeichnen die Produkte und Dienstleistungen des Unternehmens gegenüber vergleichbaren Angeboten aus?
- Welche Besonderheiten der Unternehmenskultur weist das Unternehmen auf (Bauen, Kunst, Sport etc.)?
- Welche besonderen Stärken zeichnen das Unternehmen aus?
3. Welche Schwächen hat das Unternehmen? Wie geht es damit um?
4. Welche negativen Klischeevorstellungen und Images gibt es über das Unternehmen und seine Branche? Was tut es zum Abbau dieser negativen Bilder?

IX. Die Ethik

1. Zu welchen Werten als Grundlage des Wirtschaftens bekennt sich das Unternehmen?
2. Wird im Unternehmen darauf geachtet, abstrakte, ethische Grundsätze in der Alltagsarbeit zu realisieren?
3. Gibt es ein klares Wertgefüge im Unternehmen, zu dem sich die Beteiligten bekennen?

Umsetzung einer CI-Strategie

> 4. Erkennt das Unternehmen seine Verantwortung und wie wird es ihr gerecht?
> - ❏ gegenüber Mensch und Gesellschaft?
> - ❏ gegenüber Natur und Umwelt?
> - ❏ gegenüber sonstigen Bereichen?
>
> **X. Das Leitbild**
> 1. Gibt es ein besonderes Leitbild, in dem die Grundsätze des Unternehmens sich bündeln lassen (Motto, Logo, Farben, Graphik, andere Werbemittel, Titel der Unternehmensgrundsätze etc.)?
> 2. Welche Aussagen/Interpretationen werden zu diesem besonderen Leitbild gemacht?
>
> Quelle: Manager Seminare 10/1994

Abb. 18

4.6 Leitbildentwicklung

Die Leitbilder von erfolgreichen Organisationen fungieren als Führungs- und Gestaltungsinstrument der Corporate Identity. Sprache und Textauswahl sollen breite Akzeptanz im Unternehmen erzielen und als Signal nach außen auf die Kunden und Marktpartner wirken. Die sorgfältige Analyse zeigt, daß sie im wesentlichen den folgenden Anforderungen entsprechen:

Leitbilder als Gestaltungselemente

Anforderungen an das Leitbild

a) *Wahrheitsfunktion*

Wenn die Entscheidungsträger - wie vielfach geschehen - ihre Ideal- und Wunschvorstellungen in eine möglichst blumenreiche Sprache übersetzen, bewirken sie bei den Mitarbeitern eher Abwehr als Annahme und Akzeptanz. Diese können die alltägliche Wirklichkeit im Betrieb von einer schönrednerischen Verklärung sehr wohl unterscheiden und reagieren auf verbale Übertreibungen eher mit Mißtrauen. Ihre Erfahrungen müssen mit den Versprechungen und Vorstellungen des Management einen plausiblen Zusammenhang bilden. Das für die Zukunft angestrebte neue Selbstverständnis des Unternehmens muß an der erlebten Realität der Mitarbeiter ansetzen, soll die Glaubwürdigkeit des CI-Prozesses nicht schon am Beginn scheitern. Die Leitbildentwicklung ist ein erster, wichtiger Schritt des CI-Prozesses. Die Führungskräfte sind hierbei in besonderem Maße herausgefordert als Vorbild zu fungieren.

Glaubwürdigkeit des CI-Prozesses

b) *Klarheitsfunktion*

Das Leitbild soll in der Sprache der Organisation abgefaßt sein, zugleich aber von außenstehenden Dritten leicht verstanden werden. Kurze, bildhafte und dadurch einprägsame Formulierungen und ergänzende Visualisierungen dienen dem raschen und eindeutigen Verständnis.

Einprägsame Formulierungen

Umsetzung einer CI-Strategie

Alle Bereiche ansprechen

c) *Vollständigkeitsfunktion*

Mitarbeiter, Kunden, Marktpartner und die Öffentlichkeit erwarten eine verständliche, zukunftsorientierte Positionsbeschreibung des Unternehmens. Es müssen deshalb alle Interaktionsbereiche der Organisation angesprochen werden und die Verantwortung, die das Unternehmen in der Gesellschaft wahrzunehmen bereit ist, erwähnt sein.

Leitbild für alle

d) *Konsensfunktion*

Das Leitbild soll für *alle* Mitglieder der Organisation gelten. Alle Beschäftigten müssen die verkündeten Grundsätze selbst vollziehen können und damit zur Umsetzung beitragen. Deshalb sollen auch alle Mitarbeiterbereiche von Anfang an der Leitbildentwicklung beteiligt werden. Es empfiehlt sich die Wahl von Vertretern in das Redaktionsteam und die Arbeitskreise.

Richtschnur für das Handeln

e) *Orientierungfunktion*

Das Leitbild ist Richtschnur für das Handeln nach innen und außen. Es soll Anhaltspunkte zur Klärung in Streit- und Zweifelsfällen bieten. Vor allem muß es die spezifische Organisationskompetenz und angestrebte Marktposition des Unternehmens beschreiben, seine Einstellung zu den Mitarbeitern und Kunden, zu Wachstum, Leistung, Kommunikation und Engagement in wirtschaftlichen und gesellschaftlichen Entwicklungen etc.

f) *Motivationsfunktion*

Sogwirkung

Das Unternehmensleitbild soll für die Mitarbeiterinnen und Mitarbeiter Leistungsansporn sein, sie dabei aber weniger antreiben als vielmehr eine Sogwirkung entfachen (vom "push" zum "pull").

g) *Erinnerungsfunktion*

Leitbild als Gedächtnisstütze

Das Leitbild ist Gedächtnisstütze, die Mitglieder des Unternehmens sollen darin "nachschlagen" können. Um die Einprägung und Umsetzung zu gewährleisten, müssen die Grundsätze immer wieder zum Inhalt von Trainingsmaßnahmen gemacht werden. In den Trainings sollen die Teilnehmer Bezüge zu konkreten Führungs- und Entscheidungssituationen herstellen, um die eigene Beteiligung am Prozeß bewußt zu machen.

h) *Beweisfunktion*

Leitbild als Nachweis

Das Leitbild dient als Nachweis des als gemeinsam festgestellten und formulierten Werte- und Normengefüges. Es ist somit "schwarz auf weiß" festgehalten.

i) *Dach- oder Ableitungsfunktion*

Normencharakter

Das Leitbild hat innerhalb der Organisation höchsten Normencharakter. Es sollen sich daraus Richtlinien für einzelne Bereiche (Produktion, Finanzen, Verkauf, Führung etc.) ableiten lassen.

j) *Originalitätsfunktion*

Kulturgestaltung

Das Leitbild muß im Unternehmen selbst entstehen, unter der Moderation externer Berater. Der Prozeß seiner Entstehung - Finden, Formulieren, Korrigieren, Verwerfen, Suchen, etc. - ist bereits wesentliche Kulturgestaltung. Hier ist der Weg das Ziel.

Umsetzung einer CI-Strategie

Leitbild-Workshop

Ist das Abbild der aktuell gelebten Unternehmenswirklichkeit festgestellt und ausgewertet, wird es ernst. Es gilt - im nächsten Schritt - die Soll-Kultur auf der Basis von Vision und Unternehmenszielen zu beschreiben. Zur Konkretisierung der Soll-Situation sind die folgenden Fragen zu beantworten:

Beschreibung und Konkretisierung der Soll-Kultur

Checkliste: Fragen zur Leitbildentwicklung

- Welche Normen, Werte und Einstellungen bestimmen unser Handeln?
- Welchen Zweck verfolgen wir mit unserem Unternehmen bzw. unseren Produkten und/oder Dienstleistungen?
- Wie stellen wir unsere Kunden zufrieden?
- Wie sichern wir das Engagement und die Motivation unserer Mitarbeiter?
- Wie gewährleisten wir die Qualität unserer Arbeitsergebnisse?
- Was bedeutet Innovation für uns?
- Welches Wachstum streben wir an?
- Welchen Stellenwert hat Kommunikation in unserem Unternehmen?
- Was bedeutet Zusammenarbeit für uns?
- Wie lösen wir Konflikte?
- Was tragen wir zur Erhaltung der Umwelt bei?
- Wie erfüllen wir unsere gesellschaftliche Verantwortung?
- Wie wollen wir von unseren Kunden gesehen werden?
- Wie soll die Beziehung zu unseren Marktpartnern aussehen?

Abb. 19

In einem Soll/Ist-Vergleich untersucht die Projektgruppe, wie weit das Unternehmen von der angestrebten CI entfernt ist und erarbeitet die Schwerpunkte für die zukünftige Entwicklung. Dabei ist das, was das Unternehmen erfolgreich gemacht hat, Ansatzpunkt für alle weiteren Überlegungen und Diskussionen. Diese Ergebnisse fließen in die Bildung von Leitbildschwerpunkten und die Formulierung von einzelnen Leitsätzen ein und führen zu einem ersten Leitbildentwurf inclusive grafischer Gestaltung

Soll/Ist-Vergleich

Bekanntmachung des Entwurfs

Dieser Leitbildentwurf wird den Mitarbeitern mit der Bitte um kritische Würdigung vorgestellt. Dabei ist es von der Unternehmensgröße abhängig, ob alle oder nur ein repräsentativer Teil der Mitarbeiter beteiligt werden.

Vorstellung und kritische Würdigung

Umsetzung einer CI-Strategie

Es empfehlen sich mehrere Methoden, die alternativ oder parallel eingesetzt werden können:

- Vorstellung des Entwurfs in Vorstand und Aufsichtsrat;
- Publikation in den internen Medien mit der Bitte um Feedback;
- Vorstellung des Entwurfs durch die Vorgesetzten mit anschließender Diskussion und Sammlung der Wünsche und Anregungen;
- vorübergehende Thematisierung in Führungskräfte- und Verhaltenstrainings;
- Themenvorschlag für TQM-Gruppen.

Es ist zu überlegen, ob nicht ergänzende Rückmeldungen aus einem sorgfältig ausgewählten Kreis von langjährigen Kunden und Marktpartnern für die weitere Arbeit am Leitbild befruchtend wirken.

Formulierungsworkshop

Umgang mit Wünschen, Anregungen, Kritik

Die Projektgruppe hat dann die Aufgabe, die gesammelten Wünsche und Anregungen zu gewichten und auszuwerten. Bei einer breiten Beteiligung der Mitarbeiter ist damit zu rechnen, daß unterschiedliche, sich teilweise widersprechende und in der Projektgruppe bereits diskutierte und abgelehnte Ideen artikuliert werden. Bei Abweichungen, die weit über Verständlichkeits- und Formulierungsanregungen hinausgehen, muß die Projektgruppe mit der Unternehmensleitung die Unternehmensziele nochmals überprüfen. Wird dies nicht getan, birgt diese Entwicklungsphase die Gefahr, daß eine CI mit sanftem Druck von oben verordnet wird, die dann von den Mitarbeitern innerlich abgelehnt und unterlaufen wird. An dieser Stelle entscheidet sich, ob CI als eine kurzfristige Werbe- und PR-Maßnahme oder als längerfristige, ernstgemeinte Organisationsentwicklungsmaßnahme verstanden wird.

Ist diese Klippe umschifft, hat die Projektgruppe schließlich die Aufgabe der endgültigen Ausformulierung sowie Endredaktion inclusive grafischer Gestaltung.

4.7 Einführung des neuen Unternehmensleitbilds

Die Neuformulierung eines Unternehmensleitbildes ist regelmäßig mit Erwartungen und Hoffnungen, oft aber auch mit Verunsicherungen und Ängsten bei den Führungskräften und ihren Mitarbeitern verbunden. Gibt es doch Gewohnheiten und geheime Regeln, die alle Mitarbeiter leiten und Veränderungsprozesse behindern oder verunmöglichen.

Dialogkommunikation

Das Vermitteln des neuen Leitbilds ist bereits Ausdruck der neuen Kultur und wird für die Mitarbeiter erleb- und spürbar. Soll das neue Unternehmensleitbild die Mitarbeiter in "Kopf und Herz" erreichen, müssen die Bedenken und Ängste der Mitarbeiter ernst genommen werden. Dialogkommunikation ist der geeignete Weg, die unterschiedlichen innerbetrieblichen Kulturen aktiv einzubeziehen. Dialogkommunikation heißt in diesem Zusammenhang, die Mitarbeiter am Prozeß der Informationsübermittlung zu beteiligen und bei der Informationsverarbeitung zu unterstützen. Dabei werden die Mitarbeiter zu

Umsetzung einer CI-Strategie

Akteuren, die sich im Rahmen moderierter Veranstaltungen mit dem neuen Leitbild vertraut machen und die Bedeutung und Auswirkungen für ihr unmittelbares Arbeitsfeld klären.

Interne Kommunikation des neuen Unternehmensleitbilds

Die interne Kommunikation des Leitbilds steht unter der Devise: "Aus Betroffenen Beteiligte machen". Auf einem interaktiven Kommunikationsmarkt wird allen Mitarbeitern das neue Unternehmensleitbild vorgestellt. Diese Veranstaltung soll Erlebnischarakter haben. Die Mitarbeiter werden durch verschiedene Kommunikationsmittel angesprochen wie zum Beispiel:

Aus Betroffenen Beteiligte machen

- ❏ Überreichung der Broschüre "Das neue Unternehmensleitbild",
- ❏ Multivisionswand,
- ❏ Großbildprojektion,
- ❏ Pantomime,
- ❏ Vernissage,
- ❏ Informationsparcours,
- ❏ Arbeitsgruppen und Workshops zu den Inhalten des Leitbilds,
- ❏ Sondernummer der Mitarbeiterzeitung über den Kommunikationsmarkt,
- ❏ kulturelles Rahmenprogramm mit Aktionskünstlern.

Interaktiver Kommunikationsmarkt

Diese Veranstaltung mit Signalcharakter ist Auftakt für den kaskadenförmigen Vermittlungsprozeß, der durch

- ❏ die Betriebsversammlung oder Mitarbeiterversammlung,
- ❏ Mitarbeitergespräche,
- ❏ Trainings- und Weiterbildungsmaßnahmen,
- ❏ Workshops für Führungskräfte und
- ❏ die kontinuierliche interne Pressearbeit ergänzt wird.

Vermittlungsprozeß

Nun gilt es, das neue Leitbild täglich mit Leben zu erfüllen. Dazu ist das Engagement aller Mitarbeiter notwendig. Für die persönliche Beschäftigung mit dem Leitbild als Führungskraft, aber auch in Diskussionen mit Kollegen und Mitarbeitern, sollen die folgenden Fragen als Leitfaden dienen:

Checkliste: Anforderungen aus dem Leitbild
- ❏ Welche Anforderungen ergeben sich aus dem Leitbild für unsere Organisationseinheit?
- ❏ Was muß ich in meiner Arbeitsorganisation ändern?
- ❏ Wo muß ich mich in meinem Verhalten ändern?
- ❏ Was will ich im Kollegenkreis erörtern?
- ❏ Welcher Termin ist günstig?
- ❏ Wie sollen sich die Mitarbeiter/Kollegen vorbereiten?

Anforderungen an die Organisation

> ❑ Wie wollen wir bei der Umsetzung vorgehen?
> ❑ Wer macht was, bis wann und mit wessen Unterstützung?
> ❑ Wie stellen wir die Ergebnisse fest und vereinbaren das weitere Vorgehen?

Abb. 20

Externe Kommunikation des neuen Unternehmensleitbilds

Zielgruppen für die externe Kommunikation des Leitbilds sind:

Zielgruppen

> ❑ die Kunden,
> ❑ die anderen Marktpartner (z.B. Banken, Versicherungen, Zulieferer),
> ❑ die Anwohner,
> ❑ Vertreter des öffentlichen Lebens,
> ❑ Vertreter der Fach- und Publikumsmedien.

Verschiedene Kommunikationsmittel kommen dabei zum Einsatz:

Kommunikationsmittel

> ❑ Kundenzeitung,
> ❑ Versand des Unternehmensleitbilds an einen ausgewählten Personenkreis,
> ❑ Aufnahme des Leitbilds in die Selbstdarstellungsbroschüre,
> ❑ Tag der offenen Tür (Kommunikationsmarkt) zur Leitbildverabschiedung,
> ❑ Workshop mit Vertretern der Presse und interessierten Zielgruppen,
> ❑ Pressekonferenz und Versand von Pressemitteilung.

4.8 Entwicklung und Umsetzung der Führungsleitlinien

Führungsphilosophie als Unternehmensverfassung

Die Führungsphilosophie als Kern der Führungsleitlinien basiert auf dem Unternehmensleitbild. Als "Unternehmensverfassung" hat das Leitbild höchsten Normenrang. In der Führungsphilosophie spiegelt sich daher die Zielsetzung, das Werte-, Normen- und Einstellungsgerüst des Leitbilds wider. Das Leitbild steckt den Rahmen ab, wie die Führungsaufgaben wahrgenommen werden.

Formulierung der Führungsleitlinien

Führungsaufgaben, Führungsleitlinien, Führungsinstrumente

Die Führungsleitlinien füllen diesen Rahmen aus. Sie können Schwerpunkte der Führungsarbeit festlegen, Methoden der Führung beschreiben und den Gebrauch von Führungsinstrumenten regeln. An die Formulierung der Führungsleitlinien sind die gleichen Maßstäbe anzulegen wie bei der Formulierung des Leitbilds. Es müssen in ihrer Bedeutung klare und verständliche Formulierungen gewählt werden, die keine Interpretationsspielräume zulassen. Je klarer Umfang und Erfüllung der Führungsaufgaben formuliert sind, desto leichter lassen sie sich zum Gegenstand von Trainingsmaßnahmen machen, desto eher werden sie angewendet und vorgelebt, desto wahrscheinlicher werden Akzeptanz und Führungserfolg.

Umsetzung einer CI-Strategie

Das Führungsverständnis war in den letzten Jahren einem starken Wandel unterworfen, weg von direktiven Vorgaben, hin zu einer Zusammenarbeit auf der Basis von Selbständigkeit, Dialog und Verantwortungsübernahme. In vielen Führungsleitlinien wird dieses Führungsverständnis für verbindlich erklärt. Gerade Verschlankungsprozesse, wie sie zur Zeit in fast allen Branchen ablaufen und in deren Verlauf viele Arbeitsplätze zur Disposition stehen, werden erweisen, ob die Führungsleitlinien eher Makulatur sind oder von den Führenden in gemeinsamer Diskussion entwickelt wurden, als richtungsweisend und stabilisierend verstanden und situativ angemessen genutzt werden.

Selbständigkeit, Dialog, Verantwortungsübernahme

Leitlinien der Führung und Zusammenarbeit sollten mindestens Aussagen zu den folgenden Fragen enthalten:

> **Checkliste: Leitlinien zur Führung und Zusammenarbeit**
>
> ❑ Wie vereinbaren und wie erreichen wir Ziele?
> ❑ Wie definieren wir Verantwortung und wie gehen wir damit um?
> ❑ Wie kommunizieren wir miteinander?
> ❑ Wie definieren wir Leistung und erkennen wir sie an?
> ❑ Wie beurteilen wir uns untereinander und wie üben wir Kritik?
> ❑ Wie fördern und entwickeln wir unsere Mitarbeiter?
> ❑ Wie arbeiten wir zusammen?
> ❑ Wie lösen wir Meinungsverschiedenheiten und Konflikte?

Führungsverständnis

Abb. 21

Mit der Entwicklung der Führungsleitlinien sollte ein Steuerungsgremium betraut werden. Dieses Gremium, dem Vertreter aus der Personalabteilung, der Unternehmenskommunikation und ein externer Berater angehören sollen, hat folgende Aufgaben:

> ❑ Auswahl und Ansprache von Führungskräften aller Ebenen und Bereiche für die Mitarbeit im Arbeitskreis "Führung";
> ❑ Einladung des Betriebsrats zur Mitwirkung;
> ❑ Auswahl und Ansprache von Mitarbeitern ohne Führungsaufgaben für die Mitarbeit im Arbeitskreis;
> ❑ Vorbereitung, Durchführung und Nachbereitung der Workshops zur Entwicklung der Leitlinien;
> ❑ Verschriftung und Gestaltung der Ergebnisse als Broschüre;
> ❑ Kommunikation an alle Mitarbeiter.

Entwicklung durch ein Steuerungsgremium

Gibt es bereits Führungsleitlinien mit definierten Aufgaben und Instrumenten, kann die Aktualität und Stimmigkeit der Leitlinien in der Führungskräfteaus- und weiterbildung zum Thema gemacht werden. Die Ergebnisse der kritischen Auseinandersetzung mit dem bestehenden Regelwerk können Anlaß und Basis für ein Neuformulierung sein.

Umsetzung einer CI-Strategie

Kommunikation der Führungsleitlinien

Transparenz und „Kultur des Hauses"

Wie auch bei der Entstehung des Unternehmensleitbilds ist die begleitende Berichterstattung für die spätere Akzeptanz von großer Bedeutung. Wie transparent die Entstehung der Führungsleitlinien ist, kennzeichnet wiederum die "Kultur des Hauses". Ziel der Kommunikation an die Mitarbeiter ist es, sie mit der neuen Führungsphilosophie vertraut zu machen und sie auf ihre Rechte und Pflichten einzustimmen.

a) *Interne PR*

In den hauseigenen Medien (Mitarbeiterzeitung, Führungsbrief, etc.) werden die Mitarbeiter laufend über den Prozeß informiert. Sie haben die Möglichkeit, über die Redaktion an das Steuerungsgremium Anregungen zu übermitteln.

Interaktive Medien: Diskette, Gimmick, Give-away, Jour fix

Eine Sondernummer der Mitarbeiterzeitung im Anschluß an eine interne Pressekonferenz stellt die Kernaussagen der neuen Broschüre "Führungsleitlinien" vor. Denkbar ist z.B. ein "interaktives" Medium (Diskette, Rätselspiel in der Sonderausgabe), mit dessen Hilfe sich die Mitarbeiter die neuen Führungsgedanken und -leitlinien selbst erarbeiten müssen. In Unternehmen mit großer Mitarbeiterzahl erhalten die Führungskräfte die Broschüre unaufgefordert zugesandt, die Mitarbeiter ohne Führungsaufgaben können die Broschüre über einen Antwortcoupon bei der Unternehmenskommunikation bestellen.

Ein "Gimmick" (Werbegag) oder "Give-away", das in ansprechender Weise die neuen Führungsleitlinien symbolisiert, kann ihre Einführung sinnvoll ergänzen. Dadurch wird unter den Mitarbeitern das spontane Gespräch über die neue Führungsphilosophie und die Leitlinien angeregt. Ein solches Symbol hat außerdem Erinnerungsfunktion für die Führungskräfte. Diese müssen in den "Mitarbeiter-Jour-fixes" das Thema Leitbild, Führungsphilosophie und Leitlinien thematisieren und die Auseinandersetzung mit den Inhalten der neuen Broschüre ermöglichen. "Frank und frei" sollten dabei Diskrepanzen zwischen Leitlinien und Wirklichkeit angesprochen und bearbeitet werden.

Training, Weiterbildung

b) *Trainings- und Weiterbildungsmaßnahmen*

Die Integration der neuen Führungsphilosophie in das Unternehmen hängt weiterhin davon ab, wie intensiv sich die Führungskräfte aller Ebenen mit den Leitlinien in den verschiedenen Trainings- und Weiterbildungsmaßnahmen beschäftigen. Die PE-Abteilung hat die Aufgabe, die Auseinandersetzung mit den neuen Leitlinien didaktisch und methodisch sinnvoll in die Trainings- und Weiterbildungsmaßnahmen einzubauen. Erkenntnisse, die die Personalentwickler dabei gewinnen, werden im Rahmen des CI-Controllings ausgewertet und dienen der Analyse des Fortgangs des CI-Prozesses.

Umsetzung einer CI-Strategie

4.9 Entwicklung und Umsetzung weiterführender Unternehmensleitlinien

Neben den Führungsleitlinien kann es in den Unternehmen und sozialen Einrichtungen weitere Handlungsanleitungen geben, die die CI-gerechte Umsetzung unterstützen. Dies können z.B. sein:

Umsetzung der CI

- ❑ Leitlinien für die Produktion,
- ❑ Leitlinien für die Kommunikation und Gestaltung,
- ❑ Leitlinien für das Management von Kundenbeschwerden,
- ❑ Leitlinien für das Personalmarketing,
- ❑ Leitlinien für Verkauf und Service,
- ❑ Leitlinien für das Verhalten der Mitarbeiter (Nebentätigkeit, Vorteilsannahme, Compliance).

Exemplarisch für die Entwicklung weiterer Leitlinien stellen wir im folgenden Leitlinien für die Kommunikation und Gestaltung, das Management der Kundenbeschwerden und für das Personalmarketing vor.

Kommunikations- und Gestaltungsleitlinien

Um einen qualitativ einheitlichen Kommunikationsstil im Unternehmen zu gewährleisten, empfiehlt es sich, für die Mitarbeiter ein Kommunikations- und Gestaltungshandbuch gleichsam als "Handwerkszeug" zu erstellen. Dieses Handbuch nimmt Bezug auf die Aussagen zur Unternehmenskommunikation im Leitbild und die daraus abgeleiteten Kommunikationsgrundsätze. Es wird über Austauschblätter ständig aktualisiert und ist für die Führungskräfte und Mitarbeiter Ideensammlung und Ratgeber für Maßnahmen und Aktionen, stellt aber auch Hilfen bereit bei Anlässen zu schriftlicher Kommunikation nach innen und außen. Richtig genutzt, ist es ist ein wichtiger Beitrag zu einer integrierten Unternehmenskommunikation. Über das Stichwortverzeichnis und Sachregister können die Mitarbeiter Ansprechpartner, Hilfsmittel und Informationen z.B. zu folgenden Punkten abrufen:

Kommunikations- und Gestaltungshandbuch

- ❑ Tag der "Offenen Tür",
- ❑ Kundenveranstaltung zu Sachthemen,
- ❑ lokale Pressekonferenz,
- ❑ Glückwunschschreiben zu Jubiläen,
- ❑ Kondolenzbrief,
- ❑ Marketingbrief,
- ❑ Pressemitteilung,
- ❑ Stellenanzeigen,
- ❑ Preisausschreiben und andere Marketingaktivitäten.

„Handwerkszeug"

Die mit der textlichen Kommunikation einhergehende visuelle Kommunikation, in unserem Verständnis zum Teilaspekt Corporate Design gehörig, kann ebenfalls in einer solchen Loseblattsammlung geregelt sein. Die Verwendung

71

Umsetzung einer CI-Strategie

des Logos, von Hausfarben, Formaten und Schrifttypen, die Raum- und Fassadengestaltung ist Gegenstand von Gestaltungsleitlinien. In Konzernen und Großunternehmen ist auch ein separates Baugestaltungshandbuch sinnvoll.

Hilfe zur Selbsthilfe

Derartige Nachschlagewerke sollten dem Prinzip "Hilfe zur Selbsthilfe" folgen, d.h. den Mitarbeitern Informationen und Anregungen geben, ihren jeweiligen Kommunikationsauftrag auf der Basis der Leitlinien selbständig zu erfüllen, ohne sie in ihrer Kreativität und in ihrem Engagement einzuschränken. Um dieses Spannungsverhältnis zwischen den Vorgaben und eigenen Ideen aufzulösen, muß in der Arbeitsgruppe, die die Kommunikations- und Gestaltungsleitlinien erstellt, festgelegt werden, welche Bausteine feststehen und welche von den Mitarbeitern verändert werden können. Es empfiehlt sich deshalb, die Arbeitsgruppe neben Mitarbeitern aus der Linie bereichsübergreifend mit Vertretern der Rechts- und Personalabteilung sowie mit Kommunikations- und Gestaltungsexperten zu besetzen. Außerdem gibt es die Möglichkeit, Ideen der Mitarbeiter, die zunächst von den Regeln abweichen, zu prüfen und über die nächste Nachlieferung in das Kommunikationshandbuch aufzunehmen. So hat sich z.B. die HYPO-BANK die folgenden Kommunikationsgrundsätze gegeben, auf denen das ausführliche und benutzerfreundlich konzipierte Kommunikationshandbuch und das Baugestaltungshandbuch fußen.

Kommunikations-grundsätze

Grundsätze der Unternehmenskommunikation

- Feedback macht den Kern von Kommunikation aus.
- Information ist auch Holschuld.
- Der Informationsbestand der Bank muß transparent sein.
- Die Kommunikations-Infrastruktur (Gesamtheit der Medien und Instrumente) bildet die Grundlage für eine systematische Kommunikation.
- Der verknüpfte Einsatz von Medien und Instrumenten trägt entscheidend zum Kommunikationserfolg bei (Verbundkommunikation).
- Informationen werden zielgruppenspezifisch und bedarfsorientiert vermittelt.
- Informationen sollen klar, verständlich und auf das Wesentliche beschränkt sein.
- Die Kommunikation orientiert sich am einheitlichen Erscheinungsbild der Bank (Corporate Design).
- Zu den wichtigen Vorstandsvorlagen gehört ein Kommunikationsplan bzw. Kommunikationskonzept.
- Nicht nur über Ergebnisse kommunizieren, sondern auch über Prozesse.
- Information nach innen muß zumindest zeitgleich mit der Information nach außen erfolgen.
- Jede Maßnahme der externen Kommunikation hat auch Konsequenzen für die interne Kommunikation.

Quelle: Wever/Besig 1995: 232

Abb. 22

Umsetzung einer CI-Strategie

Management der Kundenbeschwerden

- "Für Reklamationen ist nur unser Herr Lehmann zuständig. Dafür hat die Geschäftsleitung keine Zeit". Herr Lehmann ist an diesem, aber auch an den folgenden Tagen nicht zu erreichen.
- "Machen Sie's schriftlich. Wir haben keine Zeit."
- Bei dem Wort "Reklamation" legte der Telefonist jedesmal auf.

So beschreibt die *Wirtschaftswoche* (47/1995) ihre Erfahrungen bei der Recherche in deutschen Unternehmen in Sachen Beschwerdemanagement. Weiterhin führt sie aus: "Kunde König ist in Deutschland immer noch eher ein Bettelmann". Das ist auch das Ergebnis des "Deutschen Barometers", das das Emnid-Institut in Bielefeld erstellte. "Es ist alarmierend", heißt es in der Studie, "daß immer mehr Verbraucher mit ihren Beschwerden bei den Unternehmen und Behörden auf taube Ohren stoßen." Solche Pannen haben gravierende Folgen für das Unternehmensimage und damit für den Unternehmenserfolg. In Leitlinien, die das Management der Kundenbeschwerden regeln und von den Mitarbeitern auch umgesetzt werden, liegen die Chancen, die Kundenzufriedenheit zu erhöhen und auch die Mitarbeiterzufriedenheit zu gewährleisten, indem die Mitarbeiter sicherer werden im Umgang mit Beschwerden.

König Kunde oder Bettelmann?

Generelles Ziel des Beschwerdemanagements ist es, die Zufriedenheit der Kunden wiederherzustellen und über das Image "sorgfältig und kulant mit Kundenbeschwerden umzugehen" Neukunden zu gewinnen. Darüber hinaus ermöglicht ein professionelles Beschwerdemanagement das Aufspüren von Führungsdefiziten und Mängeln in Organisation, Produktion und Vertrieb.

Umgang mit Kundenbeschwerden

Grundsätze für Beschwerdeleitlinien

- Beschwerdemanagement ist Führungsaufgabe;
- Beschwerden werden von den Verursachern bearbeitet;
- Jeder zufriedene Kunde ist ein wichtiger Multiplikator für die Organisation;
- Jeder Bestandskunde sichert den Unternehmenserfolg;
- Das persönliche Gespräch ist dem schriftlichen vorzuziehen;
- In dubio großzügig im Sinne des Kunden handeln;
- Schnell und unbürokratisch Lösungen finden;
- Nicht auf (vermeintlichem) Recht beharren wollen;
- Kann die Beschwerde nicht sofort zur Zufriedenheit des Kunden beantwortet werden, bekommt er innerhalb einer Woche einen Zwischenbescheid.

Zufriedene Kunden sichern den Unternehmenserfolg

Abb. 23

Wesentlich für die Erarbeitung der Leitlinien ist, daß die Grundsätze von allen Mitarbeitern getragen werden. Die Rechtsabteilung hat dabei die Aufgabe, die vereinbarten Regelungen, wie z. B. Kulanzzahlungen, Nachbesserungen, etc. in die gesetzlich zulässige Form zu gießen. Um die Leitlinien mit Leben zu erfüllen, ist es sinnvoll, ein Gremium mit Vertretern aus allen Organisati-

Gremium für Beschwerdefälle

Umsetzung einer CI-Strategie

onsbereichen zu schaffen, das die Beschwerdefälle koordiniert. Um eventuellen Reaktionen der Medien bei Beschwerden frühzeitig zu begegnen, ist die Beteiligung der Abteilung Öffentlichkeitsarbeit unerläßlich. Dieses Gremium stellt gleichzeitig sicher, daß nicht eindeutig zuordenbare Beschwerden gemäß den Leitlinien bearbeitet werden. Darüber hinaus kann dieses Gremium die Ergebnisse verdichtet an die Fachabteilungen weitergeben, bzw. in den internen Qualitätszirkel einspeisen. Eine Kopie an die Geschäftsführung informiert diese über die Mängel der Organisation aus Kundensicht.

Kunden-Hotline

Ein positives Beispiel in diesem Zusammenhang ist Kraft Jacobs Suchard. Dort können Kunden über eine Extra-Hotline "Dampf ablassen" oder Anregungen geben. Dafür ließ der Nahrungsmittelkonzern auf rund 80 Millionen Packungen der Marken "Milka", "Krönung light", "Krönung free" und "Miracle Whip" Telefonnummern aufdrucken, unter denen Mitarbeiter geduldig zuhören und Kundenwünsche und -beschwerden entgegennehmen (vgl. *Wirtschaftswoche* 47/1995).

Leitlinien für das Personalmarketing

Bedeutung des Personalmarketing

Die Anwerbung, Auswahl und Anstellung neuer Mitarbeiter ist sowohl für marktführende Unternehmen wichtig, die ihre Position weiterhin halten und ausbauen wollen, wie für Unternehmen, die ihre Marktposition verbessern wollen und dazu die besten verfügbaren Kräfte benötigen. Je besser Kandidaten in den einzelnen Berufsfeldern qualifiziert sind, desto größer sind ihre Wahlmöglichkeiten. Und die Besten werden sich in der Zukunft für Unternehmen mit einer starken Unternehmenskultur entscheiden. Dazu gehört insbesondere ein faires, transparentes und informatives Auswahl- und Bewerbungsverfahren. Die besten Mitarbeiter wird nur für sich gewinnen können, wer die folgenden Kriterien bei der Anwerbung und Auswahl beherzigt:

Auswahl- und Bewerbungsverfahren: fair, transparent, informativ

Kriterien für Personalanwerbung und -auswahl

❑ Das Personalmarketing als originäre Führungsaufgabe begreifen und dafür Zeit und Budget einplanen;

❑ umfassend über das Unternehmen, die Position, das Arbeitsumfeld und die Entwicklungsmöglichkeiten informieren;

❑ die Kandidaten über das Bewerbungs-Procedere vorab informieren und sie im Auswahlverfahren die Kultur "erleben" lassen;

❑ die getroffenen Entscheidungen für die Kandidaten nachvollziehbar begründen;

❑ während des gesamten Bewerbungsverfahrens Diskretion bewahren;

❑ in allen Phasen des Verfahren möglichst unmittelbar, zumindest zeitlich angemessen reagieren;

❑ Termintreue wahren und für die Bewerber immer erreichbar sein;

Umsetzung einer CI-Strategie

- während des gesamten Bewerbungsverfahrens einen festen Ansprechpartner anbieten;
- den ausgewählten Kandidaten ausreichend Zeit zur Vertragsprüfung geben;
- die Kandidaten, die unterschrieben haben, bis zum Arbeitsantritt zu betreuen (das Bewerbungsverfahren endet nicht mit der Vertragsunterzeichnung).

Abb. 24

Leitlinien, die umsetzbare Aussagen zu diesen Kriterien treffen, werden enthalten:

Leitlinien für Personalauswahlverfahren

- Anforderungsprofile für die einzelnen Positionen;
- Inhalte und Regeln für die Gestaltung von Anzeigen und Auswahlverfahren;
- Hinweise zur Korrespondenz und zum Erstgespräch;
- Vorgehensweisen bei der Eignungsprüfung (ev. Assessment Center - AC);
- Tips zum Umgang mit den Kandidaten (auch wenn sie abgelehnt werden);
- Hinweise für die Vertragsverhandlungen;
- Ideen für die Betreuung bis zum Arbeitsantritt (z.B. über eine Patenschaft);
- Einladungen zu Mitarbeitertreffen, Jubiläumsveranstaltungen, damit sie sich möglichst rasch mit der Unternehmenskultur vertraut machen können;
- Hinweise, wie die im Auswahlverfahren gewonnenen Erkenntnisse über die Bewerber in die PE-Maßnahmen (Einarbeitung, Aus- und Weiterbildung) des Unternehmens einfließen können.

„Wir bewerben uns um die Besten....

Abb. 25

In der Zukunft werden nach unserer Überzeugung diejenigen Unternehmen die besten Mitarbeiter gewinnen, die nach der Prämisse handeln: "Wir bewerben uns um die Besten ebenso, wie sich die Besten um uns bewerben."

....wie sich die Besten um uns bewerben"

Controlling der CI-Strategie

5 Controlling der CI-Strategie

> Eine tausend Meilen weite Reise
> beginnt vor Deinen Füßen
> *Lao-tse (um 395 - 305 v. Chr.)*

Überprüfung von Soll- und Ist-Kultur

Wir verstehen unter CI-Controlling einmal die Überprüfung des gesamten Projekts (Budget, Fortschritte in der Umsetzung, Erfüllung der Aufgaben, etc.) und zum anderen den fortlaufenden Abgleich von Soll- und Ist-Kultur, also von CI-(Strategie) und der tatsächlich gelebten Unternehmenskultur im Alltag vor Ort. Die Überprüfung der Projektrealisierung einschließlich des Budgets erfolgt durch ein oder mehrere Mitglieder des Projektteams.

CI-Verantwortung im Vorstand

Weiterhin wählt die Projektgruppe einen CI-Verantwortlichen, der direkt an die Geschäftsleitung oder den Vorstand berichtet. Er sollte ein breites Verständnis von Organisations- und Personalentwicklung, Kommunikation und Kundenorientierung haben. Sinnvollerweise ist er organisatorisch an die Abteilung Unternehmenskommunikation oder Personal angegliedert und mit entsprechender Budgetverantwortung ausgestattet. Seine Aufgabe ist es, die weitere Entwicklung der CI zu steuern. Dazu stehen ihm alle Instrumente der Markt- und Meinungsforschung zur Verfügung, wie z.B.:

Markt- und Meinungsforschung

- ❑ die Mitarbeitermeinungsumfrage, die in Intervallen von 3 bis 5 Jahren durchgeführt wird;
- ❑ das laufende Gespräch mit den Führungskräften im Unternehmen;
- ❑ die stichprobenweise Befragung der Mitarbeiter und Kunden etc. (vgl. Seite 22 Markt- und Meinungsforschung).

Vorgesetztenbeurteilung

Ein weiteres Instrument, das mehr und mehr Bedeutung in der strategischen Personalentwicklung erlangt, ist die "Vorgesetztenbeurteilung". In der Personalentwicklung dient es dazu, das Leistungsverhalten des gesamten Managements und nicht nur einzelner Führungskräfte weiterzuentwickeln. Im Zusammenhang mit dem CI-Controlling gibt eine solche "Aufwärtsbeurteilung" Aufschluß über die Führungskultur und damit über die gesamte Unternehmenskultur, natürlich nur dann, wenn sich alle Führungsebenen daran beteiligen einschließlich Geschäftsführung/Vorstand.

Folgende Punkte sind beim Einsatz dieses Instruments zu beachten:

Upward Feedback Program

- ❑ „Zum ersten gilt es, den Begriff zu entschärfen und statt "Vorgesetztenbeurteilung" einen anderen Namen zu finden. In der anglo-amerikanischen Fachliteratur wird zumeist von "Upward Feedback Program" gesprochen, was viel weniger Widerstand bei Führungskräften hervorruft, als wenn ihr Verhalten in einem Projekt "Vorgesetztenbeurteilung" bewertet wird ...
- ❑ Um Vorgesetzten Feedback über ihr Führungsverhalten zu geben, braucht es die vorherige Erarbeitung von relevanten Führungskompetenzen ... In einstündigen Interviews mit ... obersten Führungskräften ... (werden) Führungskompetenzen herausdestilliert.
- ❑ Aus den Gesprächen (werden beispielsweise) ... neun Führungskompetenzen identifiziert, die anschließend in einen Fragebogen mit 33 Verhaltensstatements umgesetzt (werden) ...

Controlling der CI-Strategie

❑ Der Fragebogen enthält die folgenden 33 Verhaltensstatements eines Vorgesetzten, die von einem Mitarbeiter jeweils unter der folgenden Fragestellung einzuschätzen waren: "In welchem Ausmaß hat Ihr gegenwärtiger Vorgesetzter das folgende Führungsverhalten während der vergangenen 6 Monate demonstriert?"

❑ Dazu wurde eine 5 - Skala vorgegeben (1 = überhaupt nicht/5 = in sehr hohem Ausmaß). Damit keine Verfälschung eintreten konnte, wurde dem Mitarbeiter in einer eigenen Spalte eingeräumt, Verhaltensstatements besonders zu markieren, bei denen der Vorgesetzte keine Möglichkeit hatte, dieses Verhalten einzusetzen"

Quelle: *R. Stiefel* in: MAO 3/1995).

Fragebogen zur Vorgesetztenbeurteilung

1 = überhaupt nie
5 = in sehr hohem Maße

1. Erlaubte mir die Teilnahme an Entscheidungen, die mich betrafen.
2. Ermutigte zu Standpunkten, die von seinem/ihrem abwichen und akzeptierte sie auch.
3. Teilte freiwillig sein/ihr Wissen bzw. Fachkenntnis mit mir.
4. War bereitwillig zur Stelle, wenn ich ein Problem oder eine bestimmte Angelegenheit diskutieren mußte.
5. Unternahm Schritte, um Konflikte oder Uneinigkeiten innerhalb des Teams zu lösen.
6. Nutzte meine Sachkenntnis, wenn dies angebracht war.
7. Forderte mich regelmäßig auf, meine Effektivität kontinuierlich zu steigern.
8. Ermunterte und erleichterte Team- und Zusammenarbeit.
9. Unterstützte mich auf Wegen zur Verbesserung meiner Effektivität mit Coaching und Führung.
10. Vereinigte die Mitglieder meines Teams in der Verfolgung eines gemeinsamen Ziels.
11. Äußerte klar und deutlich seine/ihre Erwartungen in bezug auf unsere Arbeit.
12. Versorgte mich mit allen relevanten Informationen zur effektiven Erledigung meiner Arbeit.
13. Sorgte rechtzeitig für spezifisches Feedback meiner Arbeit.
14. Folgte seinen/ihren Commitments.
15. Ermächtigte mich, eigenständige Entscheidungen zu treffen.
16. Vermittelte mir das Gefühl, ein geschätztes Mitglied im Team zu sein.
17. Behandelte mich fair und respektvoll.
18. Behandelte die Mitglieder des Teams fair, ungeachtet ihrer Rasse, Religion, ihres Geschlechts oder ihrer Nationalität.
19. Ließ mich wissen, wenn ich meine Arbeit gut gemacht hatte.
20. Stand zu denselben Standards, die er/sie mir vermittelte.

Controlling der CI-Strategie

> 21. Ermunterte offene und ehrliche Kommunikation unter den Mitgliedern meines Teams.
> 22. War sensibel bezüglich meiner persönlichen Bedürfnisse außerhalb des Arbeitsplatzes.
> 23. Ermunterte mich, kreative und innovative Wege einzuschlagen, um den Kunden zufriedenzustellen.
> 24. Unterstützte mich bei der Beschaffung der Ressourcen, die zur effizienten Erledigung meines Jobs notwendig waren.
> 25. Kam zu Treffen und hielt Verabredungen ein und war dazu bereit.
> 26. Unterstützte meine Zusagen, die ich gegenüber Kunden gemacht hatte.
> 27. Informierte mich über Personalentwicklungsmöglichkeiten und ermutigte mich, sie in Anspruch zu nehmen.
> 28. Schätzte die Beiträge aller, unabhängig von ihrer rangmäßigen Position.
> 29. Demonstrierte ein starkes Commitment für Kundenzufriedenheit anhand von Alltags-Handeln.
> 30. Hob regelmäßig die Bedeutung von Qualität und kontinuierlicher Verbesserung hervor.
> 31. Verlangte mein Feedback zu Möglichkeiten, seine/ihre Effektivität zu steigern und reagierte darauf.
> 32. Ermutigte einen Input meinerseits und verwendete ihn, wenn wir Ziele formulieren.
> 33. Nutzte die verschiedenen Fertigkeiten, Fähigkeiten und das unterschiedliche Wissen meiner Teammitglieder.
>
> Quelle: Stiefel in MAO 3/1995

Abb. 26

Anonymität wahren   Eine parallel dazu durchgeführte Selbsteinschätzung des Führungsverhaltens durch die Vorgesetzten und deren Abweichungen von der durch die Mitarbeiter erstellten Beurteilung stellen einen weiteren wichtigen Aspekt des internen Unternehmensimage dar. Selbstverständlich sollten in diesem sensiblen Bereich die Anonymität gewahrt, die Ziele, der Nutzen und der genaue Ablauf der Befragung über die interne Unternehmenskommunikation vermittelt werden.

Kritische Anmerkungen

6 Kritische Anmerkungen

> Wir müssen das, was wir denken, auch sagen.
> Wir müssen das, was wir sagen auch tun.
> Wir müssen das, was wir tun, dann auch sein.
> *Alfred Herrhausen (1930 - 1989)*

Bei aller Begeisterung für den strategischen Einsatz des Instrumentes CI und trotz der Überzeugung, daß ohne starke CI ein langfristiger Erfolg im Markt nicht möglich ist, müssen wir feststellen, daß in den meisten Organisationen eine große Lücke zwischen Unternehmenswirklichkeit und formulierten Leitbildern und Leitlinien klafft. Warum ist das so?

Wir glauben, drei wesentliche Gründe dafür identifizieren zu können:

1. Die Geschäftsführungen in den Unternehmen und Organisationen nehmen den CI-Gedanken in seiner Komplexität, seiner langfristigen Bedeutung und seinen Chancen nicht wirklich ernst, sondern benutzen CI eher als kurzfristigen Werbe- oder PR-Gag. — *CI als Werbegag*

2. In allen Organisationen bilden sich ab einer bestimmten Größenordnung in der Regel Oligarchisierungstendenzen heraus, die eine Entwicklung der Organisation als Ganzes unter Teilhabe aller Mitarbeiter behindern oder unmöglich machen. — *Oligarchisierung*

3. Es fehlen in Unternehmen und Organisationen häufig Instanzen, die die Einhaltung der Unternehmensverfassungen von allen Beteiligten gleichermaßen einfordern würden, und die von allen Mitarbeitern im Konfliktfall angerufen werden könnten. — *Fehlende Kontrollgremien*

Zu 1)

In vielen Organisationen ist der Grundgedanke der CI nicht wirklich verstanden. Im Sinne eines "nice to have" oder "we too" werden eben auch CI-Programme gestartet. Die Verantwortlichen sind aber nicht wirklich an Veränderungen interessiert, sondern suchen nach schnell und einfach umsetzbaren Lösungen, um im Wettbewerbsdruck zu bestehen. Viele stellen überwiegend nur auf das Erscheinungsbild (CD) ab und verkennen dabei die vielseitigen Wechselwirkungen einer "unverwechselbaren" Unternehmensidentität. — *CI wird mißverstanden*

Zwischen dem Design, den formulierten Grundsätzen und der erlebten Unternehmensrealität gibt es oft große Unterschiede, man könnte manchmal sagen, sie entstammen unterschiedlichen "Welten". Mitarbeiter wie Kunden und sonstige Marktpartner sind unzufrieden, fühlen sich "auf den Arm genommen", wenn sie die offensichtliche Diskrepanz erleben. Hat sich doch oftmals außer einem neuen Logo und neuen Farben in einem neuen Hochglanzprospekt nicht viel verändert. Im Gegenteil. Manchmal hat sich der Marktauftritt sogar verschlechtert, weil sich die Mitarbeiter mit den Neuerungen nicht identifizieren können und somit demotiviert werden, was den Marktpartnern in der Regel nicht verborgen bleibt. — *CI ist mehr als bloß Design*

Kritische Anmerkungen

*Commitment herbei-
führen*

> **Lösung:** *Der CI-Berater muß vor Beginn des Projekts die Rahmenbedingungen klären und bei der gesamten (!) Unternehmensführung das commitment (Selbstverpflichtung) herbeiführen, die CI-Strategie aktiv zu unterstützen. Dabei müssen alle Bedenken, aber auch Wunschvorstellungen und Phantasien besprochen werden. Dazu ist es hilfreich, wenn die Berater über möglichst viele Hintergrundinformationen verfügen und die Einstellungen der einzelnen Geschäftsführer kennen.*

Zu 2)

*Das Oligarchiesetz und
seine Folgen*

Hierbei handelt es sich um ein sehr viel schwierigeres Problem. Entsprechend dem Oligarchiegesetz von *Robert Michels* (1911) werden bei zunehmender Mitarbeiterzahl die sozialen Beziehungen komplexer. Gleichzeitig werden die Unternehmensabläufe über Regeln und Weisungen immer mehr formalisiert. Damit verbunden ist die Verfestigung von Angewohnheiten und (Rechts-)ansprüchen. Führungskräfte sammeln Gefolgsleute um sich, die einzelnen Führungsebenen verselbständigen sich zunehmend gegenüber den restlichen Organisationsmitgliedern. Eine Vielzahl von Meetings und Konferenzen stützt und beschleunigt diesen Prozeß. Neben diesen strukturellen Bedingungen spielt die weitere Tatsache eine Rolle, daß Menschen eher zu Egoismen und zur Erhaltung des Bestehenden neigen als zu Veränderungen. So erweitern Führungskräfte ihre Einflußsphären, um ihre Macht zu erhalten, häufen Wissen und Erfahrungen an und beschäftigen sich vermehrt damit, wie sie ihre Positionen "zementieren" bzw. ausbauen können. Parallel dazu verstärkt sich ihr Macht- und Einflußbedürfnis. Dies führt bei den anderen Mitgliedern der Organisation zu Apathie, Unselbständigkeit und dem Ruf nach noch mehr Vorgaben und Regeln in allen Bereichen.

*„Wahrheiten
des Systems"*

> **Lösung:** *Der CI-Berater muß diese Gesetzmäßigkeiten kennen und kann sie allenfalls als strukturbedingte Folgen des herrschenden Organisationsmodells analysieren. Ändern kann er sie in der Regel nicht, da die hierfür geeigneten Umstrukturierungsmaßnahmen und nötigen Kompetenzen nicht zu seinem Auftrag gehören. Insofern muß er "Wahrheiten des Systems" akzeptieren und mit begrenzten Erfolgen seiner Tätigkeit leben lernen. Er kann mittels Konzept und Beratung jedoch bestimmte Anstöße liefern, die im Unternehmen vorfindbaren Ursachen für Oligarchisierungstendenzen zu erkennen und zu minimieren. Dies allerdings sollte er tun und z.B. auf die*

*Vorzüge von Dezentra-
lisierung und
Delegation*

> *Vorzüge, Optimierungsvorteile und Synergieeffekte bestimmter Dezentralisierungs- und Delegationsmodelle hinweisen. Auch kann er auf die Defizite in den herrschenden Informations- Kommunikations- und Entscheidungsstrukturen aufmerksam machen und Ratschläge für mögliche Problemlösungen geben. Schließlich ist es seine Pflicht und professionelle Verantwortung, darauf hinzuweisen, daß ein noch so gutes CI-Konzept nicht eine kontraproduktive, defizitäre Praxis in dem Unternehmen verschleiern und beschönigen kann.*

Kritische Anmerkungen

Zu 3)

Eine unabhängige Beschwerdeinstanz oder Konfliktregelungsstelle, die bei Abweichungen die Wahrung als Wertegemeinschaft anmahnen bzw. die Befolgung der vereinbarten Regeln überprüfen würde, ist in Unternehmen in den wenigsten Fällen vorhanden. Der Betriebsrat kann diese Funktion nur bedingt ausfüllen, denn er ist politisches Organ. Eine Ombudsstelle, Schiedsstelle oder ein Vermittlungsausschuß könnte, legitimiert durch Geschäftsführung, Aufsichtsrat und Arbeitnehmervertretung, eine solche Aufgabe übernehmen.

Beschwerdeinstanz, Schiedsstelle

Vergleichbar mit der Rolle des Bundesverfassungsgerichts als "Hüter der Verfassung" könnte dieses Gremium "Hüter des Leitbildes" im Unternehmen sein. Die Frage der Sanktionsmechanismen bei Verstößen bliebe allerdings offen. Letztlich gibt es eben in unserer Arbeitswelt nicht *die* konfliktfreie Organisation oder Institution, „weil Arbeit organisieren, Tätigkeiten koordinieren, Kommunikation und Kooperation immer mit potentiellen Konflikten zwischen den beteiligten Menschen, Gruppen, Abteilungen etc. verbunden ist. Jede Organisation hat struktur-, prozeß- oder personalbedingte Schwachstellen und Defizite, die zu Dysfunktionalitäten und konflikthaften Entwicklungen führen können, wenn sie nicht aufgedeckt und bearbeitet werden. Nicht der Konflikt ist (in der Regel) das Problem, sondern die verbreitete Unfähigkeit der Konfliktbeteiligten, sach- und problemangemessen damit umzugehen (Beck/Schwarz 1995:32).

> **Lösung:** *Auch hierfür gibt es keine Patentlösung. Allerdings unterliegen Unternehmensverhalten und Marktauftritt einer zunehmend kritischen Prüfung durch Mitarbeiter, Kunden und Marktpartner. Diskrepanzen in Wort und Tat werden immer mehr und immer schneller durch Kundenverluste und Abwanderungen von Leistungsträgern aus der Mitarbeiterschaft bestraft. Diese Sanktionierung über den Markt ersetzt die fehlenden Sanktionsmechanismen im Unternehmen. In Zeiten eines globalen und immer enger werdenden Wettbewerbs wird Unternehmen und sozialen Organisationen nichts anderes übrig bleiben, als sich ernsthaft der Umsetzung der angestrebten CI zu widmen.*

Keine Patentlösung für CI

7 Praxishilfen für die Medienarbeit

> Gesagt ist nicht gehört. Gehört ist nicht verstanden.
> Verstanden ist nicht einverstanden.
> Einverstanden ist noch nicht angewendet.
> Angewendet ist noch lange nicht beibehalten.
> *Konrad Lorenz (1903 - 1989)*

Der Medienarbeit widmen wir in diesem Zusammenhang ein eigenes Kapitel, obgleich die Öffentlichkeitsarbeit mit Zielrichtung Medien nur einen Teil der Unternehmenskommunikation darstellt. Wir tun dies vor allem deshalb, weil nach unserer Erfahrung die Professionalität im Umgang mit den Vertretern der Print- und elektronischen Medien in vielen Organisationen zu wünschen übrig läßt.

7.1 Die Medien als Partner

Die sieben häufigsten Fehler

Eine Studie der wbpr Gesellschaft für Publicrelations und Marketing, München in Zusammenarbeit mit der GP Forschungsgruppe, Grundlagen- und Programmforschung, München, aus dem Jahre 1990 hat die als klassisch zu bezeichnenden Fehler bei der Pressearbeit vieler Unternehmen untersucht und folgende sieben häufigsten Fehlermöglichkeiten registriert:

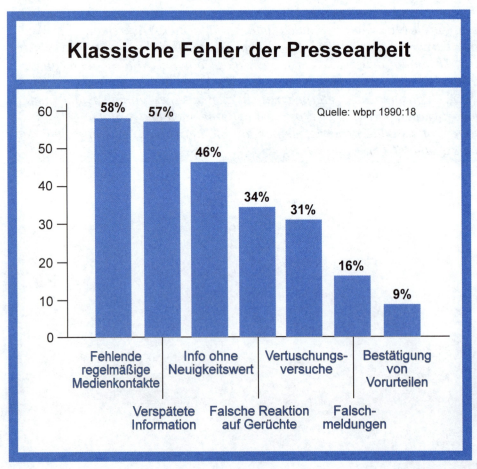

Abb. 27

Praxishilfen für die Medienarbeit

Was sind die Gründe für die an erster Stelle genannten fehlenden regelmäßigen Medienkontakte und die wenig ergiebige Öffentlichkeitsarbeit?

Das Verhältnis der Verantwortlichen in den Unternehmen, aber auch in den Behörden und sozialen Institutionen, zu den Medienschaffenden ist überwiegend gekennzeichnet durch ein grundlegendes Mißtrauen. So fühlen sich die Unternehmensvertreter oft als "Opfer" der Berichterstattung bzw. unterstellen Journalisten mangelnde Sachkenntnis oder Sensationsmache. Andererseits ist auf Seiten der Organisationen der Wunsch nach "einer guten Presse" groß.

Mißtrauen gegenüber den Medien

Erfolgreiche Medienarbeit ist nur möglich, wenn sich die Unternehmensvertreter mit dem Selbstverständnis und der Arbeitsweise von Journalisten vertraut machen und auseinandersetzen, um so die Berührungsängste zu verringern. Die Medien verstehen sich in der Dienstleistungs- und Informationsgesellschaft unserer Zeit als "Warner und Unterhalter" der Öffentlichkeit. Neuerdings wird sogar von "Infotainment" gesprochen. Daraus wird deutlich, daß die Medien vor allem an Gegensätzen und Kontroversen interessiert sind und Konflikte, Krisen und Katastrophen die bevorzugten Gegenstände der Berichterstattung und Kommentierung sind.

Berührungsängste abbauen

Hinzu kommt, daß begründet durch den Platzmangel in den Printmedien bzw. den Zeitmangel in den elektronischen Medien eine Berichterstattung in den meisten Fällen auf den harten Tatsachenkern reduziert wird. Darüber hinaus bedingen die Informationsvielfalt und der Aktualitätsdruck aufgrund der globalen Vernetzung einen rigiden Auswahlmechanismus, der in der überquellenden Flut der Meldungen den "Nachrichtenwert" bestimmt und dadurch Art und Umfang der Veröffentlichung festlegt.

Infotainment und Nachrichtenwert

Wer diese Rahmenbedingungen akzeptiert, hat einen entscheidenden Schritt in Richtung Kooperation mit den "Medien als Partner" getan. Als Grundsatz für die Medienarbeit sollte gelten: "aufsuchen und reden" statt "abwarten und aussitzen". Um Journalisten als Partner für die Öffentlichkeitsarbeit zu gewinnen, gilt es, ein "Vertrauenskonto" aufzubauen. Folgende Tips sollen Ihnen dabei behilflich sein:

Checkliste: Hinweise für die Öffentlichkeitsarbeit

- Sehen Sie in den Journalisten "nicht Feind, nicht Freund", sondern Geschäftspartner.
- Versetzen Sie sich mitunter in die Lage der Medienschaffenden, um sie besser zu verstehen.
- Lernen Sie Aufgaben und Arbeitsweise von Journalisten kennen.
- Zeigen Sie auch Verständnis für Pannen. (Sie kündigen auch nicht gleich die Geschäftsbeziehung zu einem Kunden, wenn er einmal einen Zahlungstermin versäumt hat).
- Liefern Sie aktuelle Informationen in klarer und einfacher Darstellung.
- Pflegen Sie regelmäßige, persönliche Kontakte zu den Journalisten.
- Danken Sie für eine faire, ausführliche und angemessene Berichterstattung.

Aufsuchen und reden statt abwarten und aussitzen

Praxishilfen für die Medienarbeit

> ❑ Manchmal hilft auch Gelassenheit, wenn Sie nicht ganz so gut weggekommen sind.
> ❑ Akzeptieren Sie die Medien als sinnvolles gesellschaftliches Kontrollorgan im Rahmen der geltenden Gesetze und Rechtsprechung.
> ❑ Bedenken Sie schließlich, daß der Medienmarkt von einem starken Wettbewerb geprägt ist.

Abb. 28

7.2 Mediengerechtes Auftreten

Die folgenden Punkte sollen Ihnen helfen, Ihren Medienauftritt so vorzubereiten, daß in der Öffentlichkeit ein positiver Eindruck von Ihnen und Ihrem Unternehmen entsteht.

Anlaß und Rahmenbedingungen klären

Bevor Sie zu einem Interview oder anderen Medienauftritten die Zusage geben, sollten Sie die folgenden Punkte vorab klären:

Ihr Auftritt: wann? wo? wie?

> **Checkliste für Interviews und Medienauftritte**
> ❑ Was ist das Thema?
> ❑ Wie lautet der thematische Hintergrund?
> ❑ Handelt es sich um ein Interview, eine Gesprächs- oder eine Diskussionsrunde?
> ❑ Treten Sie alleine auf oder mit anderen Gesprächspartnern?
> ❑ Wer sind Ihre Gesprächspartner?
> ❑ Für welche inhaltlichen Positionen stehen Sie?
> ❑ Welche Fragen wird der Interviewer voraussichtlich stellen?
> ❑ Wie lautet die Reihenfolge der Redebeiträge?
> ❑ Wieviel Zeit steht Ihnen für Ihren Beitrag oder für Ihre Statements zur Verfügung?
> ❑ In welcher Funktion treten Sie auf? (als Geschäftsführer Ihres Unternehmens oder als Verbandssprecher).
> ❑ Wie sind die Örtlichkeit oder der Raum beschaffen? (Werden Sie im Büro, in der Fabrikhalle, auf der Straße oder in einem Fernsehstudio interviewt?).
> ❑ Werden Sie im Sitzen oder im Stehen interviewt?
> ❑ Welche Beiträge werden (vorab) eingespielt? (Nur wenn Sie darüber informiert sind, können Sie auf eventuelle kritische Aspekte eingehen).
> ❑ Besteht die Möglichkeit (außer bei Live-Sendungen), die Aufzeichnung sofort anzusehen und gegebenenfalls zu wiederholen?

Abb. 29

Praxishilfen für die Medienarbeit

Persönliche Vorbereitung

Je besser Sie sich auf den Medienauftritt vorbereiten, desto sicherer werden Sie sich fühlen und desto kompetenter werden Sie wirken. Deshalb ist es notwendig, daß Sie sich für eine gründliche Vorbereitung die Zeit nehmen. Folgende Fragen gilt es zu klären:

Checkliste: Persönliche Vorbereitung für Medienauftritte

- Wie heißt das Thema, zu dem ich Stellung nehmen soll?
- Was ist mein Gesprächsziel? (Haupt- und Nebenziele klären!).
- Wie sieht meine Gesprächsstrategie aus?
- Welche Manuskriptform verwende ich? (Volltext, kombiniertes Text- und Stichwortmanuskript, Kartenmanuskript)?
- Wer sind meine Gesprächspartner?
- Welche Argumente und Gesprächsstrategien sind von den Gesprächspartnern zu erwarten?
- Sind meine Statements kurz, knapp und verständlich formuliert?
- Wie erkläre ich Fachthemen und Fachausdrücke?
- Welche Metaphern und Bilder verwende ich zur Erklärung komplexer Sachverhalte? (Zahlen und Daten dienen nur zur Unterstützung!).
- Welche Kleidung wähle ich, in der ich mich wohlfühle, die zu mir paßt und die nicht zu kameratechnischen Problemen führt?

Gründliche Vorbereitung

Abb. 30

Präsentations- und Mediatrainings, die praxis- und verhaltensorientiert aufgebaut sind, stellen eine gute Vorbereitung auf Rundfunk- und Fernsehinterviews dar. Sie lernen die Atmosphäre und das Arbeitsumfeld in einem Studio kennen und können sich unter realistischen Bedingungen auf die "Live"-Situation vorbereiten.

Während der Sendung

Wenn Sie sich im Lauf der Sendung an die folgenden Punkte erinnern, dann werden Sie das Publikum für sich und Ihr Unternehmen gewinnen. Denn Ihr Ziel ist nicht, über den Interview- oder Gesprächspartner zu "siegen", sondern das Publikum bestmöglich zu informieren und Vertrauen zu bilden:

Regeln für den Gesprächs-, und Diskussionsrunden

- Bleiben Sie ruhig und gelassen, auch bei Vorwürfen! Atmen Sie ruhig durch und lächeln Sie Ihren "Kontrahenten" freundlich (aber nicht überheblich) an!
- Lehnen Sie Kritik nicht ab, sondern greifen Sie einzelne Kritikpunkte auf und versuchen Sie, diese Punkte für Ihre eigene Argumentation nutzbar zu machen!
- Zeigen Sie Courage, indem Sie ihre "Diskussionsgegner" auffordern, ihre Ideen und Meinungen zu konkretisieren!

Informieren und Vertrauen bilden

Praxishilfen für die Medienarbeit

- Korrigieren Sie ruhig und sachlich falsche Darstellungen bzw. fordern Sie Beweise, Belege oder Quellen der Aussagen ihres Gegenübers ein!
- Streiten Sie sich auf keinen Fall mit den Journalisten, bzw. vermeiden Sie Angriffe auf die Presse! Das Publikum identifiziert sich regelmäßig mit den fragenden Journalisten!
- Eine erstmalige Ansprache des Interviewers reicht gewöhnlich aus, es ist nicht nötig, daß Sie bei jeder Antwort den Namen des Gesprächspartners wiederholen!

Abb. 31

Nach der Sendung/Aufnahme

Stärken und Schwächen analysieren

Nur die Übung macht den Meister! Das bedeutet, daß Sie Ihre Medienauftritte nachbereiten müssen. Sehen Sie sich mit einer fachkundigen Person Ihren Auftritt an und analysieren Sie Ihre Stärken und Schwächen. Als Hilfe dienen Ihnen die oben erläuterten Punkte.

Außer bei Live-Sendungen können Sie die Journalisten bitten, die Aufzeichnung vorzuspielen und gegebenenfalls das Interview nochmals zu wiederholen. Scheuen Sie sich nicht, von dieser Möglichkeit Gebrauch zu machen. Bedenken Sie, daß auch ein kurzer Medienauftritt bei vielen Menschen einen bleibenden Eindruck hinterläßt!

7.3 Nachrichten professionell präsentieren

Journalistische Stilformen

Journalisten teilen die Stilformen in

- *informierende* (Nachrichtenstilform) und
- *kommentierende* (Meinungsstilformen) ein.

Zu den informierenden Nachrichtenstilformen zählen:

informierende Stilform

- die Meldung
- der Bericht
- die Reportage
- das Feature.

Die wichtigsten Meinungsstilformen sind:

kommentierende Stilform

- der Kommentar
- die Glosse
- die Spitze.

Praxishilfen für die Medienarbeit

- Für die Unternehmenskommunikation und Public-Relations-Arbeit der Firmen, Konzerne und Institutionen sind die Nachrichtenstilformen von Bedeutung. Aufgabe der Unternehmenskommunikation ist es, zu informieren und Sachverhalte möglichst objektiv zu präsentieren, d.h. die Unternehmenssicht darzustellen ohne Meinung zu machen. Die Meinungstilformen bleiben den Journalisten überlassen.

    Nachrichten, nicht Meinungen vermitteln

- Für die Medienpraxis der Unternehmen reicht es aus, die *Meldung* (ca.20-30 Zeilen) als auf den Kern reduzierte, reine Nachricht und den *Bericht* als erweiterte Form der Meldung (ca. 60 - 120 Zeilen) zu kennen.

    Meldung, Bericht

- Die *Reportage*, meist ein Augenzeugenbericht, der die Situation aus dem Augenblick heraus beschreibt, ist für die Arbeit von Unternehmen weniger bedeutsam. Außerdem erfordert sie hohe journalistische Fähigkeiten, sollen sich Meinung und Fakten nicht vermischen.

    Reportage

- Ähnlich verhält es sich mit dem *Feature*, einer erweiterten Form der Reportage, die vor allem die Hintergründe erhellen soll. Das Gefühl des Schreibers spielt bei dieser Stilform eine große Rolle. Die Kunst ist es dabei, nicht in eine Meinungsäußerung zu verfallen.

    Feature

Kennzeichen der Nachrichtenstilformen

Eine Nachricht ist gekennzeichnet durch:

- allgemeines Interesse
- Aktualität
- Überprüfbarkeit
- kurze Sätze
- formalen Aufbau
- inhaltlichen Aufbau
- einen Zeilenumfang von 20-30 Zeilen à ca. 38 Anschläge (beim Bericht 60-120 Zeilen).

Kennzeichen der Nachricht

Abb. 32

Erstellen einer Nachricht

Zuerst recherchieren Sie mittels der W-Fragen (Wer? Was? Wo? Wann? Wie? Warum? Welche Quelle?) das Ereignis und überprüfen den Nachrichtenwert. Nur bei einem hohen Nachrichtenwert hat ihre Nachricht eine Chance, in den Medien plaziert zu werden. Die folgenden Kriterien bestimmen den Wert einer Nachricht:

Recherche

Kriterien einer Nachricht

- Aktualität
- Nähe (lokaler Bezug)
- Folgenschwere
- öffentliche Bedeutung

Nachrichtenwert

- Dramatik
- Kuriosität
- Kampf
- Liebe/Sex
- Gefühl
- Fortschritt

Abb. 33

Eine Nachricht ist für den Leser um so attraktiver, je mehr der genannten Elemente enthalten und/oder ausgeprägt sind.

Beispiel: Nachricht aus dem Entenhausener Lokalanzeiger:

Dagobert Duck tot!

Gestern verstarb Entenhausens reichster Mann bei seinem täglichen Bad im Geldspeicher. Durch eine Unachtsamkeit seines langjährigen Dieners wurde eine Schleuse zum Entleeren des Hauptspeichers geöffnet, der dadurch entstandene Strudel riß Duck in die Tiefe. Wie die Entenhausener Polizei mitteilte, hätte ein geübter Schwimmer überlebt. Duck, der Zeit seines Lebens den Besuch eines Schwimmkurses aus Kostengründen ablehnte, sollte heute die internationalen Entenhausener Schwimmtage als Schirmherr eröffnen. Der Superarchimultimilliardär Duck, der sich offen zu seinem Geldfetischismus bekannte, hinterläßt die trauernde Gitta Gans, die nach eigenen Angaben ein langjähriges Liebesverhältnis mit Duck unterhalten haben soll.

Rangordnung bilden

Nach der Überprüfung des Nachrichtenwerts sortieren Sie die Teilthemen (dies sind die Antworten auf die W-Fragen) nach Wichtigkeit und bilden eine Rangordnung. Das Wichtigste steht an erster Stelle, dann kommen die näheren Umstände und erst danach die Einzelheiten. Überprüfen Sie Ihren Text zum Schluß daraufhin, ob Sie die aufgeführten Regeln der Nachrichtensprache auch beachtet haben.

Gestaltungsregeln einer Nachricht

Professionelle Gestaltung

Mit jeder Pressemitteilung wirbt der Verfasser um Veröffentlichung. Jede Information an die Presse ist ein freibleibendes Angebot, kein Redakteur ist verpflichtet, diese zu drucken. Je professioneller eine Nachricht in Inhalt, Aufbau und Sprache gestaltet ist, desto größer ist die Chance, daß sie veröffentlicht wird. Dabei spielt auch die äußere Gestaltung eine wichtige Rolle. Folgende zehn formale Kriterien sind zu beachten:

Gestaltungsregeln für Pressemitteilungen

Regeln für die Gestaltung einer Nachricht

- Schreiben Sie Ihren Text mit Computer oder Schreibmaschine auf weißem DIN-A4 - Papier.
- Lassen Sie an beiden Seiten einen breiten Rand, damit der Redakteur Platz zum Redigieren (Korrigieren, Verbessern) hat.
- Geben Sie auf jedem Blatt Name der Institution, Adresse, Telefon- und Faxnummer, sowie einen Ansprechpartner für eventuelle Rückfragen

Praxishilfen für die Medienarbeit

- an. Dies können Sie entweder am Kopf, Fuß oder Rand der Seite plazieren.
- ❑ Schreiben Sie über Ihren Text "Information für die Presse" oder "Pressemitteilung".
- ❑ Vergessen Sie das Datum nicht! So kann der Redakteur leichter den Nachrichtenwert "Aktualität" feststellen.
- ❑ Beschriften Sie jedes Blatt nur einseitig.
- ❑ Es empfiehlt sich ein eineinhalbzeiliger Zeilenabstand und ca. 38 Anschläge pro Zeile.
- ❑ Bringen Sie Titelvorschläge am Anfang oder Schluß Ihres Manuskripts. Die Entscheidung über den Titel trifft der Redakteur.
- ❑ Wenn Sie Zahlenmaterial liefern, so überprüfen Sie diese Daten und verweisen gegebenenfalls auf die Quelle. Weisen Sie auf Anlagen hin, wenn Sie diese mitschicken.
- ❑ S p e r r e n Sie keine einzelnen Worte, verwenden Sie keine VERSALIEN und unterstreichen Sie nichts im Text.

Abb. 34

Nachrichtensprache

Die Nachrichtensprache ist klar, präzise, übersichtlich gegliedert und allgemein verständlich formuliert, soll sie doch von Menschen jeden Alters und Bildung verstanden werden. Folgende zehn Regeln gilt es zu beachten:

Checkliste für die Formulierung von Nachrichten

- ❑ Bleiben Sie immer eng an den Fakten!
- ❑ Kennzeichnen Sie die Meinung anderer Personen als Zitate und verwenden Sie dabei die direkte oder indirekte Rede!
- ❑ Schreiben Sie im Aktiv und verwenden Sie einfache, kurze Sätze!
- ❑ Verwenden Sie Verben statt Substantive und vermeiden Sie Fremdwörter!
- ❑ Verzichten Sie auf schmückende Adjektive! Durch die Verwendung von Adjektiven können leicht Stimmungen erzeugt werden.
- ❑ Verwenden Sie nur Abkürzungen, die Sie bei ihrem ersten Vorkommen im Text erklärt haben!
- ❑ Schreiben Sie Zahlen von eins bis zwölf in Buchstaben, ab 13 in Ziffern!
- ❑ Schreiben Sie den vollständigen Namen und die Funktion beim ersten Mal im Text voll aus, danach können Sie den Vornamen und die Funktion weglassen!
- ❑ Klären Sie Ihre Leser durch Quellenangabe darüber auf, woher ihre Informationen stammen!
- ❑ Sagen Sie alles nur einmal, Wiederholungen sind nur erlaubt, wenn Sie im Zusammenhang mit einer neuen Information stehen.

Verständliche Sprache, übersichtliche Gliederung, informativer Text

Abb. 35

Abb. 36

Praxishilfen für die Medienarbeit

7.4 Strategische Medienarbeit geht nicht nebenher

Die Ausführungen in diesem Kapitel sollten deutlich machen, wie wichtig die Medienarbeit als Teil der Unternehmenskommunikation für die Unternehmen ist. Wenn Sie Ihre Beziehungen zu den Medienschaffenden tatsächlich als Partnerschaft begreifen, dann schaffen Sie die besten Voraussetzungen dafür, daß Sie dauerhaft und damit auch in Krisensituationen auf funktionierende Kommunikationskanäle zurückgreifen können. Um eine solche Basis zu schaffen und zu erhalten, ist es nötig, die folgenden Punkte zu beachten:

Medienarbeit als Teil der Unternehmenskommunikation

Medienrecherche

❏ Welche lokalen, regionalen und überregionalen Medien gibt es?
❏ Mit welchen Medien sollten wir kontinuierlich zusammenarbeiten, mit welchen reicht der sporadische Kontakt?

Lokal, regional, überregional

Zusammenarbeit mit den Redaktionen

Entscheidend für die Medienarbeit ist der Kontakt zur Redaktion. Hier werden die Nachrichten ausgewählt und aufbereitet. Dabei sollten Sie wissen:

❏ Wie sind die Ressorts (Abteilungen) verteilt?
❏ Gibt es Außenredaktionen/Außenstudios?
❏ Wer sind unsere Ansprechpartner in den einzelnen Bereichen?
❏ Wie läuft der technische Betrieb ab?
❏ Wann ist Redaktionsschluß?
❏ Wann ist (bei den Zeitungen) der Umbruch?
❏ Wann sind die Konferenzzeiten?
❏ Wann sind die einzelnen Journalisten erreichbar?

Kenntnis der Redaktion

Abb. 37

Im Krisenfall geht nämlich alles sehr schnell. Die Giftwolke steht am Himmel, ätzender Gestank zieht in die Häuser der Nachbarschaft, es regnet undefinierbare Farbpartikel herab - die Nachbarn laufen Sturm und die Telefone heiß. Die Hoechst AG hat aus solchen Erfahrungen gelernt. Seit Mitte 1994 gibt es eine Abteilung Corporate Communications mit 150 Mitarbeitern. Da stehen 15 Bürgertelefone bereit, die in kürzester Zeit besetzt werden können. Es gibt einen Bereitschaftsdienst - "24 Stunden, 365 Tage" - der dafür sorgt, daß im Krisenfall sofort und umfassend reagiert wird. Innerhalb weniger Minuten ist im Ernstfall ein "Krisenkommunikationszentrum" einsatzbereit, das alle notwendigen Informationen für Medienleute bereitstellt.

Krisenkommunikation

Stimmt die Kommunikationsinfrastruktur, ist an die Menschen und ihre Gewohnheiten zu denken. Selbst bestens vorbereitete und gepflegte Info-Kanäle nützen nichts, wenn das interne Meldesystem nicht funktioniert, weil Kompetenzen nicht geklärt sind oder Mitarbeiter Störfälle aus Angst vor Bestrafung oder dem Arbeitsplatzverlust verschweigen. Zielgerichtet, situationsgerecht und -angemessen und unmittelbar zu kommunizieren bedeutet persönliche Verantwortung zu übernehmen.

Hot-lines und Info-Kanäle

Transparenz plus persönliche Verantwortung

Darüber hinaus hat das Chemieunternehmen erkannt, daß sensibilisierte Gruppen überhaupt nur über personale Kommunikation erreicht werden können. Es hat deshalb seine Nachbarschaftszeitung "Blick auf Hoechst" eingestellt. Ein Werksleiter, den der Chemieriese in seinem Stammwerk in Hoechst erstmals seit 30 Jahren wieder angestellt hat, wurde eigens dafür geschult. Seine Aufgabe ist es, den laufenden Dialog mit den Nachbarn und Vertretern kritischer Gruppen zu führen. Er verwirklicht moderne Unternehmensführung, die vor allem Transparenz plus persönliche Verantwortung bedeutet (vgl. W&V 18/1995).

8 Schlußbemerkung

> Wir empfangen die Weisheit nicht;
> wir müssen sie für uns selbst entdecken
> im Verlauf einer Reise, die niemand für
> uns unternehmen oder uns ersparen kann.
> *Marcel Proust (1871 - 1922)*

Sensibilisierung und Klarheit

Am Ende dieses Themenheftes wollen wir gemeinsam mit Ihnen, der Leserin, dem Leser, für einen Moment zurückblicken. Unsere Absicht war es, Sie für Corporate Identity als Unternehmensstrategie zu sensibilisieren, mehr Klarheit in den Begriffswirrwarr zu bringen und Ihnen als Praktiker/Praktikerin oder in der Ausbildung dorthin Ideen für die Umsetzung an die Hand zu geben. Sie sollen entscheiden, ob uns das gelungen ist. Wir waren oftmals hin- und hergerissen, haben ergänzt und weggelassen, denn unsere Vorgabe war, das Grundwissen zu CI mit praktischen Beispielen auf max. 100 Seiten verständlich zusammenzufassen und darzustellen.

CI weder Modethema noch Marketingtrick

Unser Anliegen war und ist vor allem, Sie dafür zu gewinnen, daß es sich, wenn wir von CI sprechen, weder um ein Modethema, noch um einen Marketingtrick handelt, sondern um eine Grundhaltung, eine grundlegende Einstellung zu den Menschen in Organisationen und dem dazugehörigen Umfeld. Wir haben kein Handbuch verfaßt, das 1:1 umsetzbar wäre. Wir wollen Anstöße geben für mögliche Vorgehensweisen und wir weisen auf Schwierigkeiten hin, die in dieser oder ähnlicher Form auftauchen werden, wenn Sie sich die hochkomplexe Umsetzung einer CI-Strategie vornehmen. Die Widerstände, die Sie als Leser oder Leserin bei der Lektüre bemerkt haben, können hilfreiche Hinweise dafür sein, worauf Sie in Ihrer Organisation Ihr Augenmerk lenken sollten.

Nehmen Sie das Buch als Ideenspender und Coach und lassen Sie sich von unserer Begeisterung für das Thema CI anstecken - denn Feuer in den Herzen der anderen kann nur entfachen, wer es in seinem Herzen spürt.

Im übrigen halten wir es mit *Winfried Münch*: „Ein Buch geht zu Ende - aber die Arbeit geht weiter!" (München 1995: 193).

9 Glossar

Dieses Verzeichnis dient dazu, die im Text immer wieder verwendeten Begriffe zu erklären und ein gemeinsames Verständnis für die Bedeutungszusammenhänge herzustellen.

Corporate Identity (CI)

Entwicklungsprozeß und Ziel der strategisch geplanten Selbstdarstellung einer Organisation nach innen und außen.

CI-Kern

Vision, Werte, Normen, Einstellungen im Unternehmen, Unternehmenszweck und Unternehmensgeschichte.

Werte

Orientierungsstandards und -maßstäbe für die Richtung, Intensität, Ziel und Mittel des Verhaltens von Angehörigen eines bestimmten soziokulturellen Systems.

Normen

Allgemein anerkannte Regeln, die in bestimmten Situationen ein bestimmtes Handeln fordern oder erwarten lassen.

Einstellungen

Persönliche Formen des Wahrnehmens, Erkennens, Denkens, Wertens, Urteilens und Verhaltens, die auf spezifischen Lern- und Erfahrungseindrücken beruhen.

Corporate Behaviour (CB)

Alle in sich schlüssigen und damit widerspruchsfreien Handlungsweisen der Organisationsmitglieder im Innen- wie im Außenverhältnis.

Corporate Communications (CC)

Systematisch kombinierter Einsatz aller Kommunikationsmittel und -maßnahmen mit dem Ziel, das Betriebsklima (intern) und die öffentliche Meinung (nach außen) gegenüber dem Unternehmen zu beeinflussen.

Corporate Design (CD)

Entwurf des unternehmensspezifischen Gestaltungssystems (alle visuellen Signale) und der durchgängige, aufeinander abgestimmte und dauerhafte Einsatz aller visuellen Elemente auf der Basis verbindlicher Regeln mit dem Ziel funktionaler und anmutender Lösungen.

Unternehmenskultur

Summe der aktuell gelebten Werte, Normen und Einstellungen, die das Verhalten der Mitarbeiter prägen und die Unternehmenswirklichkeit darstellen. Jede Organisation als soziales System hat eine Kultur und diese Kultur ist wandlungsfähig. Die handlungssteuernde Kraft der Unternehmenskultur hängt davon ab, wie bewußt die Kultur zum Gegenstand der strategischen Unternehmensführung (CI) gemacht wird.

Glossar

Corporate Image

Vorstellungsbild, das sich die Kunden, Lieferanten, Kooperationspartner, Vertreterinnen und Vertreter der Medien, die Gesellschaft (extern) und die Mitarbeiterinnen und Mitarbeiter (intern) von der Einrichtung gemacht haben.

Unternehmensleitbild

Vitale, konkrete, realistische und zukunftsorientierte Verschriftung der Unternehmensgrundsätze (des CI-Kerns), die mitreißen, die Zielgruppen "sowohl im Kopf als auch im Herzen treffen" soll. Ein Bild, "das begeistert, mit Worten gemalt".

Unternehmensleitlinien

Aus den Unternehmensgrundsätzen abgeleitete Richtlinien für einzelne Unternehmens- und/oder Aufgabenbereiche mit dem Ziel der Konkretisierung und Umsetzung.

Glossar

Literaturverzeichnis

a) Fachbücher:

Achterholdt, G.: Corporate Identity, In zehn Arbeitsschritten die eigene Identität finden und umsetzen, Wiesbaden 1991

Alberti, K.-R. u. Huber, R.: Corporate Identity im Fusionsprozeß. Ein Beratungsmodell, Stuttgart 1995

Antonoff, R. (Hg.): CI Report. Das Jahrbuch vorbildlicher Corporate Identity, Darmstadt (jährlich erscheinender CI-Report)

Apitz, K.: Konflikte, Krisen, Katastrophen, Wiesbaden 1987

Arendt, G.: PR der Spitzenklasse. Die Kunst, Vertrauen zu schaffen, Landsberg/Lech 1993

Bänsch, A.: Einführung in die Marketing-Lehre, München 1991

Beck, U.: Risikogesellschaft - Auf dem Weg in eine andere Moderne, Frankfurt/M. 1986

Beck R./Schwarz G.: Konfliktmanagement. München 1995

Becker, J.: Marketing-Konzeption. Grundlagen des strategischen Marketing-Managements, München 1993

Beger, R.; Gärtner, H.-D. u. Mathes, R.: Unternehmenskommunikation. Grundlagen-Strategien-Instrumente, Wiesbaden 1989

Bennis, W.: Führen lernen, Frankfurt/M. 1990

Bennis, W./Nanus, B.: Führungskräfte - Die vier Schlüsselstrategien erfolgreichen Führens, Frankfurt/M. 1990

Berekoven, L.: Grundlagen des Marketing, Herne 1993

Bernays, E. L.: Biographie einer Idee - Die hohe Schule der PR, Düsseldorf 1967

Birkigt, K./Stadler, M. M./Funck, H. J.: Corporate Identity, Grundlagen, Funktionen, Fallbeispiele, Landsberg/Lech 1993

Bogner, F. M.: Das neue PR-Denken. Strategien, Konzepte, Maßnahmen, Fallbeispiele effizienter Öffentlichkeitsarbeit, Wien 1990

Boventer, H. (Hg.): Medien und Moral, Konstanz 1988

Brauer, G.: ECON-Handbuch Öffentlichkeitsarbeit, Düsseldorf 1993

Bredemeier, K.: Medien-Power. Erfolgreiche Kontakte mit Presse, Funk und Fernsehen, Zürich 1991

Bredemeier, K.: Fernsehtraining. Erfolg vor der Kamera, Zürich 1993

Brendel, D. u. Grobe B.: Journalistisches Grundwissen, München 1976

Bromann P. u. Piwinger, M.: Gestaltung der Unternehmenskultur, Stuttgart 1992

Bruhn, M. (Hg.): Handbuch des Marketing. Anforderungen an Marketingkonzeptionen aus Wissenschaft und Praxis, München 1989

Bruhn, M.: Sozio- und Umweltsponsoring. Engagement von Unternehmen für soziale und ökologische Aufgaben, München 1990

Literaturverzeichnis

Bruhn, M.: Sponsoring, Wiesbaden 1991

Bruhn, M. u. Dahlhoff, D.-H.: Kulturförderung - Kultursponsoring. Zukunftsperspektive der Unternehmenskommunikation, Wiesbaden 1989

Bruhn, M. u. Dahlhoff, D.-H. (Hg.): Effizientes Kommunikations-Management, Stuttgart 1993

Bruhn, M. u. Tilmes, J.: Social Marketing, Stuttgart 1994

Bürger, J. H.: Arbeitshandbuch Presse und PR, Essen 1983

Bürger, J. H.: PR. Gebrauchsanleitung für praxisorientierte Öffentlichkeitsarbeit, Landsberg/Lech 1989

Bürger, J. H. u. Joliet, H. (Hg.): Die besten Kampagnen: Öffentlichkeitsarbeit, 2 Bde. Landsberg/Lech 1990

Bungard, W. (Hg.): Qualitätszirkel in der Arbeitswelt. Ziele, Erwartungen, Probleme. Göttingen 1992

Bungert, G.: Weiter im Text. Schreiben für Werbung, Presse und Öffentlichkeit, Zürich 1992

Campbell, A./Devine, M./Young, D.: Vision, Mission, Strategie. Die Energien des Unternehmens aktivieren, Frankfurt/M. 1992

Carlebach, E.: Zensur ohne Schere - Die Gründerjahre der Frankfurter Rundschau, Frankfurt 1985

Casdorf, C. H.: Medienpraxis für Manager, Düsseldorf 1991

Deal, T. u. Kennedy, A.: Unternehmenserfolg durch Unternehmenskultur, Bonn 1987

Demuth, A.: Erfolgsfaktor Image, Düsseldorf 1994

Dietz, K.: Werbung- was ist erlaubt- was ist verboten?, Planegg 1992

Diller, H. (Hg.): Vahlens Großes Marketinglexikon, München 1992

Disch, W. K. A. u. Wilkes, M. U. (Hg.): Alternatives Marketing. Ideen - Erkenntnisse - preisgekrönte Beispiele, Landsberg/Lech 1993

Dittmar, P.: Das beste Fernsehen der Welt, Köln 1980

Dörrbecker, K. u. Rommerskirchen, Th. (Hg.): Blick in die Zukunft: Kommunikationsmanagement. Perspektiven und Chancen der Public Relations, Remagen-Rolandseck 1990

Donaubauer, J. u. Schoemen, J.: Corporate Identity in Theorie und Praxis am Beispiel der Stadtsparkasse Marktredwitz, Speyer 1991

Doppler, K. u. Lauterburg, C.: Change Management. Den Unternehmenswandel gestalten, Frankfurt/New York 1995

ECON-Handbuch, Corporate Policies. Wie Ihr Unternehmen erfolgreich auftritt, Düsseldorf 1992

Engelhardt H. D.: Organisationsmodelle. Ihre Stärken - Ihre Schwächen. München 1995

Engelmann, B. (Hg.): Anspruch auf Wahrheit Wie werden wir durch Presse, Funk und Fernsehen informiert, Göttingen 1981

Faulstich, W.: Öffentlichkeitsarbeit, Rottenburg/N. 1992

Literaturverzeichnis

Fenkart, P. u. Widmer, H.: Corporate Identity. Leitbild, Erscheinungsbild, Kommunikation. Zürich 1987

Fetscherin, A.: Keine Angst vor den Medien - Hundert goldene Regeln, Zürich 1988

Flieger, H. u. Ronneberger, F.: Public Relations für die unternehmerische Wirtschaft, Wiesbaden 1983

Flieger, H.: PR als Profession, Wiesbaden 1986

Flieger, H.: Public Relations - Grundfragen und Antworten zu Ausbildung und Tätigkeit von PR-Fachleuten, Wiesbaden 1988

Förster, H.-P.: Handbuch Pressearbeit, München 1991

Förster, H.-P.: Corporate Wording - Konzepte für eine unternehmerische Schreibkultur, Frankfurt/M. 1995

Frank, N.: Schreiben wie ein Profi, Köln 1990

Fuchs, R. u. Kleindiek, H. W.: Öffentlichkeitsarbeit heute, Bochum 1984

Geißler, H. (Hg).: Unternehmenskultur und -vision, Frankfurt/M. 1991

Geml, R.: Grundlagen der Marketing-Praxis, Mieming-Fronhausen 1988

Gomez, P.: Wertmanagement. Vernetzt Strategien für Unternehmen im Wandel, Düsseldorf 1993

Graf P.: Konzeptentzwicklung. München 1995

Grüsser, B.: Handbuch Kultursponsoring, Ideen und Beispiele aus der Praxis, Hamburg 1992

Haedrich, G.; Barthenheier, G. u. Kleinert, H. (Hg.): Öffentlichkeitsarbeit. Ein Handbuch, Berlin 1982

Haller, M.: Recherchieren. Ein Handbuch für Journalisten, München 1987

Haller, M.: Die Reportage. Ein Handbuch für Journalisten, München 1989

Hermanni, H.: Das Unternehmen in der Öffentlichkeit. Effektive Wege der Selbstdarstellung, Heidelberg 1991

Hermanns, A. (Hg.): Sport- und Kultursponsoring, München 1989

Hillmann, K.-H.: Wertewandel, Darmstadt 1989

Huber, K.: Image. Corporate Image, Produkt-Image, Marken-Image, Landsberg/Lech 1990

Inden, T.: Alles Event?! Erfolg durch Erlebnismarketing, Landsberg/Lech 1993

Jaspert, F.: Marketing Intensivkurs, München 1992

Jessen, J. u. Lerch, D.: PR für Manager, München 1978

Kalt, G. (Hg.): Erfolgreiche PR, Frankfurt/Main 1992

Kalt, G. (Hg.): Öffentlichkeitsarbeit und Werbung: Instrumente, Strategien, Perspektiven, Frankfurt/Main 1993

Keller, I.: Das CI-Dilemma, Abschied von falschen Illusionen, Wiesbaden 1993

Klimke, R. u. Schott, B.: Die Kunst der Krisen-PR, Paderborn 1993

Köcher, A. u. Birchmeier, E.: Public Relations? Public Relations!, Köln 1992

Körner, M.: Leitbildentwicklung als Basis der CI-Politik, Stuttgart 1990

Körner, M.: Corporate Identity und Unternehmenskultur. Ganzheitliche Strategie der Unternehmensführung, Stuttgart 1993

Korte, F. K. u. Böhme, G.: Keine Angst vor Journalisten, Bad Harzburg 1984

Koschnick, W. J.: Standard-Lexikon für Marketing, Marktkommunikation, Markt- und Mediaforschung, München 1987

Koschnick, W. J.: Standard-Lexikon für Mediaplanung und Mediaforschung, München 1988

Koszyk, K. u. Pruys, K.: Wörterbuch zur Publizistik, München 1989

Koszyk, K. u. Pruys, K.: Handbuch der Massenkommunikation, München 1981

Kotler, P. u. Armstrong, G.: Marketing. Eine Einführung. Wien 1988

Kotler, P. u. Bliemel, F.: Marketing-Management. Analyse, Planung, Umsetzung und Steuerung, Stuttgart 1992

Kotler, P. u. Roberto, E.: Social Marketing, Düsseldorf 1991

Kreitz, H.-J.: Social Marketing, Marketing für gesundheitspolitische Ziele, Bonn 1988

Kreutzer, R./Jugel, S./Wiedmann, K.-P.: Unternehmensphilosophie und Corporate Identity. Arbeitspapier Nr. 40 des Institut für Marketing der Universität Mannheim, Mannheim 1986

Kroeber-Riel, W.: Konsumentenverhalten, München 1992

Kroeber-Riel, W.: Strategie und Technik der Werbung. Verhaltenswissenschaftliche Ansätze, Stuttgart 1993

Kroehl Identity Consultants: Wir sind die Architekten Ihrer Identität. CI-Lösungen mit System. Die Inszenierung von Unternehmen und Marken. Mainz 1994

La Roche, W.: Radio Journalismus, Handbuch für Ausbildung und Praxis, München 1991

La Roche, W.: Einführung in den praktischen Journalismus, Reihe Journalistische Praxis, München 1982

Lambeck, A.: Zwischen Tabu und Toleranz - Handbuch der Pressearbeit, Würzburg 1981

Lambeck, A.: Die Krise bewältigen. Management und Öffentlichkeitsarbeit im Ernstfall, Landsberg/Lech 1992

Landesbank Berlin (Hg.): Das Unternehmen als Persönlichkeit, Chancen durch CI, Ein Seminarprojekt der Landesbank Berlin und des IDZ, Internationales Design Zentrum Berlin, e. V. 1992

Landesbank Berlin (Hg.): Stadt-CI und Regional-CI, Erfolgsstrategie Corporate Identity, Ein Seminarprojekt der Landesbank Berlin und des IDZ, Internationales Design Zentrum Berlin e. V. 1993

Langenbucher, W.: Journalismus und Journalismus. Plädoyer für Recherche und Zivilcourage, München 1982

Lehmann, A.: Dienstleistungsmanagement. Strategien und Ansatzpunkte zur Schaffung von Servicequalität, Stuttgart 1993

Literaturverzeichnis

Lehmann, R. G.: Corporate Media, Handbuch der audiovisuellen und multimedialen Lösungen und Instrumente, Landsberg/Lech 1993

Lingenfelder, M. u. Spitzer, L.: Determinanten der Realisierung und Wirkungen einer Corporate Identity, Arbeitspapier Nr. 62 des Instituts für Marketing der Universität Mannheim, Mannheim 1987

Luthe, D.: Öffentlichkeitsarbeit für Non-profit-Organisationen. Eine Arbeitshilfe, Maro-Vlg. 1994

Marconi, J.: Unternehmen unter Beschuß. Erfolgreiches Krisenmarketing, Landsberg/Lech 1994

Mathey, K.: Das Recht der Presse, Köln 1988

Meffert, H.: Arbeitsbuch zum Marketing. Aufgaben, Fallstudien, Lösungen, Wiesbaden 1992

Meffert, H.: Erfolgreiches Marketing in der Rezession. Strategien und Maßnahmen in engeren Märkten, Wien 1994

Meffert, H.: Marketingforschung und Käuferverhalten, Wiesbaden 1992

Meyer, H. U. (Hg.): Journalistische Textformen, Freiburg 1980

Meyer, W. u. Bock, K.: Journalismus von heute, Percha, 1980

Michels, R.: Zur Soziologie des Parteiwesens in der modernen Demokratie. Untersuchungen über die oligarchischen Tendenzen des Parteilebens. 2. Aufl. Leipzig 1925

Münch, W.: Individuum und Gruppe in der Weiterbildung. Weinheim 1925

Nagel, G.: Durch Firmenkultur zur Firmenpersönlichkeit: Manager entdecken ein neues Erfolgspotential, Landsberg/Lech 1991

Naisbitt, J.: Megatrends, Bayreuth 1984

Naisbitt, J./Aburdene, P.: Megatrends Arbeitsplatz, Bayreuth 1986

Nebel, K. P.: PR in der Praxis. Vertrauen schaffen in der Öffentlichkeitsarbeit, Essen 1992

Neske, F.: PR-Management, Gernsbach 1977

Nickel, V.: Informieren muß man können, München 1985

Oeckel, A.: PR-Praxis, Der Schlüssel zur Öffentlichkeitsarbeit, Düsseldorf 1976

Olins, W.: Corporate Identity, Strategie und Gestaltung. Frankfurt/New York 1990

Olins, W.: Corporate Identity Weltweit: 80 Beispiele für Strategie und Gestaltung. Frankfurt/New York 1995

Pepels, W.: Handbuch Moderne Marketingpraxis (3 Bde.), Düsseldorf 1993

Pepels, W.: Kommunikations-Management. Briefing - Konzepterstellung - Mediaplanung - Realisation - Direktmarketing - Public Relations - Neue Werbeformen, Stuttgart 1994

Pflaum, D. u. Pieper, W.: Lexikon der Public Relations, Landsberg/Lech 1993

Porck, F.: Kamera läuft... Ton ab! Tips für Statement, Interview und Diskussion, Köln 1974

Projektteam Lokaljournalismus: ABC des Journalismus, München 1990

Raith, W.: Gutschreiben - Ein Leitfaden, Frankfurt/New York 1988

Ratzke, D.: Handbuch der neuen Medien, Stuttgart 1984

Regenthal, G.: Identität und Image, Köln 1992

Reineke, W.: Medienbrevier Funk und Fernsehen. Beobachtung - Kritik - Nutzung, Köln 1994

Reineke, W./Eisele, H. u. a.: Taschenbuch der Öffentlichkeitsarbeit. Public Relations in der Gesamtkommunikation, Heidelberg 1994

Reineke, W. und Sachs, G.: Praxis der Öffentlichkeitsarbeit, Heidelberg 1975

Renner, S. G.: Quality Culture, Unternehmenskultur für die Zukunft, Zürich 1994

Renner, S. G.: Corporate Identity, Gestaltungsformen-Informationslogistik-Unternehmensauftritt, Würzburg 1991

Richarz, W.: Zum Umgang mit der Presse. Ein Wegweiser für Vereine, Verbände und Unternehmen, Stuttgart 1990

Riefler, S.: Public Relations als Dienstleistung, München 1987

Ricker, R.: Unternehmensschutz und Pressefreiheit, Heidelberg 1989

Ronneberger, F.: Theorie der Public Relations, Opladen 1992

Ronneberger, F. u. Rühl, M.: Public Relations der Non-Profit-Organisationen, Wiesbaden 1982

v. Rosenstiel, L.: Einführung in die Markt- und Werbepsychologie, Darmstadt 1991

Rota, F. P.: PR- und Medienarbeit im Unternehmen, München 1991

Roth, P.: Kultursponsoring. Grundlagen, Strategien, Fallbeispiele, Landsberg/Lech 1988

Roth, P. (Hg.): Sportsponsoring. Grundlagen, Strategien, Fallbeispiele, Landsberg/Lech 1990

Rüttinger, R.: Unternehmenskultur - Erfolge durch Vision und Wandel, Düsseldorf 1986

Schenk, U.: Nachrichtenagenturen als wirtschaftliches Unternehmen mit öffentlichem Auftrag, Berlin 1985

Schertz, W.: Sprachloser Mittelstand, Köln 1980

Schiwy, P. u. Schütz, W. J.: Medienrecht - Lexikon für Wirtschaft und Praxis, Neuwied 1990

Schmidt, K. (Hg.): Corporate Identity in Europa. Strategien, Instrumente, erfolgreiche Beispiele, Frankfurt/M. 1994

Schneider, W.: Unsere tägliche Desinformation - Wie die Massenmedien uns in die Irre führen, Hamburg 1990

Schneider, W.: Wörter machen Leute - Magie und Macht der Sprache, München 1986

Schneider, W.: Deutsch für Profis, Hamburg 1992

Schwarz, G.: Sozialmanagement. 2. Aufl. München 1995

Literaturverzeichnis

Schub von Bossiazky, G.: Psychologische Marketingforschung. Qualitative Methoden und ihre Anwendung in der Markt-, Produkt- und Kommunikationsforschung, München 1992

Schult, G. u. Buchholtz A. (Hg.): Fernsehjournalismus. Handbuch für Ausbildung und Praxis, München 1990

Schulze-Fürstenow, G. (Hg.): PR-Perspektiven, Neuwied 1990

Skowronek, E. u. Dörrbecker, K.: Pressearbeit organisieren, Herne 1973

Urban, D.: Kreativitätstechniken für Werbung und Design, Düsseldorf 1993#

Ulsamer, M.: Presse - und Öffentlichkeitsarbeit, Stuttgart 1991

Warnecke, H.: Revolution der Unternehmenskultur. Das fraktale Unternehmen, Heidelberg 1993

wbpr, Gesellschaft für Public Relations und Marketing mbH: Untersuchung der unternehmensspezifischen Bedeutung von Public Relations, Unterföhring 1990

Weichler, K.: Arbeitsfeld Medien, Hamburg 1990

Weichler, K.: Ratgeber für freie Journalisten - Ein Handbuch, Berlin 1987

Weischenberg, S.: Nachrichtenschreiben, Opladen 1988

Wever, U. A.: Unternehmenskultur in der Praxis. Erfahrungen eines Insiders bei zwei Spitzenunternehmen, Frankfurt/New York 1989

Wever, U. A. u. Besig, H.-M.: Unternehmens-Kommunikation als Lernprozeß. Dem Erfolg auf der Spur. Das Beispiel der Hypo-Bank, Frankfurt/New York 1995

Wiedmann, K.-P.: Public Marketing und Corporate Communications als Bausteine eines strategischen und gesellschaftsorientierten Marketing, Arbeitspapier Nr. 38 des Instituts für Marketing der Universität Mannheim, Mannheim 1986

Wiedmann, K.-P.: Corporate Identity als strategisches Orientierungskonzept, Arbeitspapier Nr. 53 des Instituts für Marketing der Universität Mannheim, Mannheim 1987

Wolf, K.-P.: Handbuch Öffentlichkeitsarbeit in Betrieb, Verein, örtlichen Initiativen, Köln 1994

Wolff, J.: Vom Umgang mit den Pressefritzen - ein Leitfaden für alle, die in die Presse wollen, Bonn 1985

Wyss, W.: New Marketing. Konsequenzen aus dem Paradigma-Wechsel des Konsumenten, Adligenswil 1987

Zedtwitz, A. u. Graf von Volkmar, G.: Tue Gutes und rede darüber, Köln 1978

Zillessen, R. (Hg.): Umweltsponsoring. Erfahrungsberichte von Unternehmen und Verbänden, Wiesbaden 1991

Zürn, P.: Vom Geist und Stil des Hauses: Unternehmenskultur in Deutschland. Landsberg/Lech 1985

b) Nachschlagewerke

Bethge, M.: Red Box , Hamburg

Bürger, J. H.: PR-Gebrauchsanleitungen für praxisorientierte Öffentlichkeitsarbeit (Loseblattsammlung), Landsberg/Lech

Kroll, J. M.: Kroll-Pressetaschenbuch 1995, Seefeld

Media Daten Verlagsgesellschaft: (Redaktionsadressen), 2x jährlich, Wiesbaden

M+K medien + kommunikation GmbH: Elektronische Print-Medien-Datenbank, Gernsheim

Oeckl, A.: Taschenbuch des öffentlichen Lebens, Bonn

Schulze-Fürstenow, G. (Hg.): Handbuch für Öffentlichkeitsarbeit, Neuwied/Darmstadt

Stamm, W. (Hg.): Leitfaden durch Presse und Werbung, Essen

Zimpel, D.: Die deutschen Vollredaktionen, 3 Bde. (Loseblattsammlung), München

c) Zeitungen, Zeitschriften

HYPO-Press - München

manager magazin - Hamburg

Manager Seminare - Bonn

MAO - St. Gallen

Platow-Brief - Frankfurt

Süddeutsche Zeitung (SZ) - München

Die Wirtschaftswoche - Düsseldorf

Anhang

Leitbilder, Leitlinien und Selbstdarstellungen aus der Praxis (in Auszügen)

Audi - Werk Neckarsulm
Umwelterklärung

Präambel:

Die AUDI AG entwickelt, produziert und vertreibt weltweit Automobile. Ziel ist die Sicherstellung individueller Mobilität. Sie trägt dabei Verantwortung für die kontinuierliche Verbesserung der Umweltverträglichkeit der Produkte und Produktionsstätten sowie für den umweltgerechten Umgang mit den natürlichen Ressourcen. Die AUDI AG macht fortschrittliche Technologien unter Berücksichtigung des Umweltschutzes weltweit verfügbar und ermöglicht ihre Anwendung über die gesamte Prozeßkette. Sie ist an allen Standorten Partner für Gesellschaft und Politik und trägt so nachhaltig zu einer sozial und ökologisch positiven Entwicklung bei.

Grundsätze:

1. Die AUDI AG bietet hochwertige Automobile an, die den Ansprüchen ihrer Kunden an Umweltverträglichkeit, Wirtschaftlichkeit, Sicherheit, Qualität und Komfort gleichermaßen gerecht werden.
2. Forschung und Entwicklung sind Bestandteil der AUDI Umweltpolitik. Die AUDI AG entwickelt für ihre Produkte ökologisch effiziente Prozesse und Konzepte und steigert so die internationale Wettbewerbsfähigkeit.
3. Es ist das erklärte Ziel der AUDI AG, bei allen Aktivitäten schädliche Einwirkungen auf die Umwelt vorausschauend zu vermeiden. Dabei ist die Einhaltung der Umweltvorschriften selbstverständlich.
4. Das Umweltmanagement der AUDI AG stellt sicher, daß - gemeinsam mit Zulieferunternehmen, Dienstleistern, Handelspartnern und Verwertungsunternehmen - die Umweltverträglichkeit der Automobile und Fertigungsstandorte kontinuierlich verbessert wird.
5. Der Vorstand der AUDI AG ist verantwortlich für die Einhaltung der Umweltpolitik sowie der Funktionsfähigkeit des Umweltmanagementsystems. Es erfolgt regelmäßig eine Überprüfung.
6. Der offene und klare Dialog mit Kunden, Händlern und der Öffentlichkeit sind für die AUDI AG selbstverständlich. Die Zusammenarbeit mit Politik und Behörden ist vertrauensvoll. Sie schließt die Notfallvorsorge an den einzelnen Produktionsstandorten mit ein.
7. Alle Mitarbeiter der AUDI AG werden entsprechend ihrer Funktion im Umweltschutz informiert, qualifiziert und motiviert. Sie sind diesen Grundsätzen verpflichtet.

Drägerwerke AG - Lübeck

Unser Unternehmen
Seit über 100 Jahren steht der Name Dräger weltweit für sicheres Atmen. Unsere Produkte heute überwachen, unterstützen und schützen lebenswichtige Funktionen des Menschen. Sie schaffen bessere und sichere Bedingungen für unsere Gesundheit und die Umwelt. Unsere Leitidee heißt:

Technik für das Leben.

Die Verantwortung, die sich daraus ergibt, tragen wir gemeinsam.

Unser Ziel
Internationale Wettbewerbsfähigkeit.

Wir müssen besser sein als unsere Konkurrenz, nicht nur unsere Produkte und Dienstleistungen, sondern auch unser Unternehmen insgesamt.

Unsere vier Grundsätze
Folgende vier Grundsätze auch zukünftig mit Leben zu erfüllen und fortzuentwickeln, ist Verpflichtung für uns alle.

Marktorientierung
Wir müssen unsere Kunden durch Leistung überzeugen

Spitzenposition
Wir wollen vorn bleiben

Ertragskraft
Wir wollen selbständig handeln

Soziale Verpflichtung
Wir stehen zu unserer Verantwortung für Gesellschaft und Umwelt

Unsere vier Stärken
Um unsere Ziele zu erreichen und Grundsätze einzuhalten, richten wir alle Aktivitäten auf die Erhaltung und Weiterentwicklung der vier besonderen Stärken unseres Unternehmens aus.

Mitarbeiter
Wir fordern und fördern Mitarbeiterinnen und Mitarbeiter

Qualität
Für Qualität ist jeder von uns verantwortlich

Kundennähe
Unsere Kunden sind unsere Partner

Innovation
Innovationen und neue Ideen bringen uns weiter

Hilti AG - Gewerbliches und industrielles Bauwesen-Liechtenstein

Leadership - unsere Unternehmenskultur

Leadership makes the difference

Erfolgreiche Mitarbeiter schaffen erfolgreiche Unternehmen

Wie wir arbeiten,

wie wir zusammenarbeiten,

wie wir uns verhalten,

wie wir führen - uns selbst und andere,

entscheidet darüber, ob wir unsere gemeinsamen Ziele heute und in der Zukunft erreichen. Leadership steht für diese Einstellung und dieses Verhalten.

Wir glauben, daß jeder von uns Leadership leben kann

Wir glauben an den Menschen, an seine Lernfähigkeit, seine Entwicklungsfähigkeit und an sein Streben, sich einzusetzen und zu engagieren...

Leadership leben heißt lernen wollen. Lernen können wir nur, indem wir Dinge tun, indem wir positive und negative Erfahrungen machen, aus denen wir lernen.

Wir wollen keinen Perfektionismus, wir wollen Excellence

Leadership leben heißt, dem anderen trauen und vertrauen, an ihn und seine Fähigkeiten glauben. Bedeutet persönliches Commitment, Einsatzfreude, Eigeninitiative, Zivilcourage und Integrität. Heißt auch, sich selbst und andere motivieren können....

Jeder von uns ist bereit, aktiv an der Gestaltung und Entwicklung unseres Unternehmens mitzuwirken und fähig, Verantwortung zu übernehmen und zu tragen.

Hilti ist bereit, für jeden die notwendigen Voraussetzungen zu schaffen. Durch angemessene Freiräume, durch Delegation von Verantwortung, durch aktives Fordern und Fördern der Mitarbeiter. Und wir wollen - wo immer möglich - Hierarchie- und Statusbarrieren abbauen. Unsere Führungskräfte sollen sichtbar und greifbar sein.

Leadership leben heißt, gemeinsame Werte, Ziele und Visionen haben

Wir haben eine Unternehmensvision, und jeder von uns hat eine persönliche Vision. Wir können diese Visionen aber nur verwirklichen, wenn sie miteinander in Einklang stehen.

Persönliche Visionen und Unternehmensvisionen müssen harmonieren, sonst werden Arbeit und Zusammenarbeit zur Last. Arbeit soll Sinn machen, Erfüllung, Spaß und Freude bringen. Soll nicht irgendeine Beschäftigung sein, sondern eine Quelle persönlichen Wachstums.

Wir sind kundenorientiert, kreativ und innovativ, leistungsorientiert und erfolgreich. Jeder von uns.

Wir alle leben Leadership in allem, was wir tun, und wir sind stolz darauf. Leadership als Einstellung und Verhalten beginnt und endet nicht am Arbeitsplatz.

Wir sagen ja zu Leadership.

Und das macht den Unterschied.

Kreatives Haus Worpswede

Unsere Philosophie

1.
Wir sind ein innovatives Seminar-Zentrum für den außergewöhnlichen Anspruch.

2.
Unser Schwerpunkt liegt in einer überaus persönlichen Betreuung unserer Kunden.
Dieses Angebot an Individualität spiegelt sich in der einmaligen Architektur unseres Hauses ebenso wieder wie in der Ausstattung der Seminarräume und im Service, den wir bieten.

3.
Unser Haus trägt die Handschrift des Worpsweder Architekten und Bildhauers Bernhard Hoetger.
Hier diskutieren und denken wir und unsere Kunden, umgeben von Natur, eingebettet in Rhododendren und Buchenwälder.

4.
Unsere Team-Identität ist ganzheitlich und darin durchgängig von innen nach außen.
Wir sind ein gastfreundliches, humorvolles, ehrliches ja geradezu ein wenig ver-rücktes Team, das Freude an seiner Arbeit hat und seine Aufgaben mit Gefühl und Verstand erfüllt.

5.
Jedes Mitglied unseres Teams ist qualifiziert, Verantwortung zu tragen und Entscheidungen selbständig zu treffen. Diese Kompetenz eines jeden von uns macht unsere Arbeit im Dienste des Gastes so effizient.

6.
Ökologisch orientiertes Denken in allen Bereichen entspricht dem Selbstverständnis unseres Teams und bestimmt unser tägliches Handeln. Bei dieser Sorgfalt gestaltet unser Koch jedes einzelne Essen als ein Bild für sich.

7.
Unsere Küche genießt einen hohen Ruf, denn wir verwenden nur frischeste Zutaten, die wir schonend zubereiten. Unsere Vollwertkost stammt - soweit möglich - aus kontrolliert biologischem Anbau.

8.
Unser Ziel ist, das Vertrauen, das man uns gibt, zu rechtfertigen und unseren Gästen jene besondere Atmosphäre zu bieten, die für kreative Leistungen stets die Grundvoraussetzung ist.

9.
Wir hören nicht auf, besser zu werden, sehen uns und unsere Philosophie Veränderungen und Kritik gegenüber aufgeschlossen.

Wir sind stolz darauf, viele begeisterte Gäste in unserem Hause zu haben!
Das Kreative Team

Anhang

Malteser Hilfsdienst e.V. - Vision 2000

1. MALTESER IST MAN NICHT ALLEIN
Unsere Stärke wächst aus der Gemeinschaft:
vor Ort, national und weltweit.
Die Nächstenliebe beginnt bei uns
in den eigenen Reihen.

2. WIR SIND AUS TRADITION MODERN
Unsere Hilfe hört dort nicht auf, wo eingefahrene Wege
enden. Wir haben Mut, neue Aufgaben anzunehmen
und unkonventionell zu bewältigen.

3. WIR ARBEITEN PROFESSIONELL IN EHREN - UND HAUPTAMT
Leistungsfähigkeit, Effizienz, Verläßlichkeit und Qualität
prägen unser Tun.

4. UNSERE HILFE IST IM NAMEN DES HERRN
Für uns ist der Mensch Ebenbild Gottes.
Deshalb übernehmen wir persönliche Verantwortung
für jeden einzelnen Hilfesuchenden und nehmen ihn
ernst in seiner Not.
Indem wir ihm selbstlos in Liebe begegnen, wollen wir
Glaube erfahrbar machen.

Metallgesellschaft AG - Frankfurt

Zwölf Grundsätze, die unser Denken und Handeln bestimmen:

1. Wir steigern durch Marktorientierung und Kostenbewußtsein unsere Ertrags- und Finanzkraft.
2. Wir erhöhen den Wert unseres Unternehmens für die Aktionäre.
3. Wir konzentrieren uns auf die Kernbereiche.
   - Handel
   - Finanzdienstleistungen
   - Anlagenbau
   - Chemie
   - Gebäudetechnik
4. Wir handeln zielorientiert im Rahmen unserer strategischen Ausrichtung
5. Wir wollen in unseren Märkten international zu den führenden Unternehmen gehören.
6. Die Kunden bezahlen unsere Löhne und Gehälter. Darum stellen wir die Kunden in den Mittelpunkt unseres Denkens und Handelns.
7. Wir fördern die Ideen und die Eigeninitiative aller Mitarbeiter.
8. Unser Ziel ist die ständige Verbesserung der Qualität.

9. Wir wollen effektive Kommunikation und sind offen für sachliche Kritik.
10. Wir entwickeln Mitarbeiter und Führungskräfte entsprechend unserem Unternehmensleitbild.
11. Wir arbeiten an Innovationen und bewahren sinnvolle Traditionen.
12. Wir sind ein verantwortungsbewußtes Unternehmen in unserer Gesellschaft und gegenüber der Umwelt.

Münchner Informationszentrum für Männer e.V.

UNSER LEITBILD

Wir fördern die Veränderung zu einem neuen Selbstverständnis und Rollenbewußtsein des Mannes.

Wir streben das partnerschaftliche Zusammenleben von Männern und Frauen an, die ohne Anwendung körperlicher und seelischer Gewalt miteinander wachsen wollen.

Mann und Frau sind nicht frei von Rollen- und Sachzwängen, sie haben jedoch die Möglichkeit, sich diesen *nicht zu* beugen.

Der gewalttätige Mann muß die Verantwortung für sein Handeln selbst übernehmen. Er vermag sein Verhalten zu ändern.

Zur Veränderung ist Bereitschaft und bewußter Umgang mit der aktuellen Situation erforderlich.

Wir fördern diese Grundsätze in Einzel- und Gruppengesprächen auf der Basis von Freiwilligkeit und Hilfe zur Selbsthilfe.

Gemäß diesem Leitbild machen wir die Öffentlichkeit über die Medien und in Veranstaltungen auf unsere Arbeit aufmerksam.

Anhang

Landhotel Schindlerhof - Kreativzentrum Schindlerhof

DIE SPIELREGELN

1.

Der Gast steht im Mittelpunkt unseres Tuns. Daher sind alle MitunternehmerInnen vor allem Gastgeber, für die Herzlichkeit und Freundlichkeit oberstes Gebot sind.

2.

Alle im Unternehmen orientieren sich in ihrem Tun und Handeln am Wohl des Gastes und des Unternehmens. Dies ist möglich durch die Transparenz aller Unternehmensziele und den Einsatz aller MitunternehmerInnen entsprechend ihren Neigungen und Fähigkeiten.

3.

Der Erfolg unseres Unternehmens resultiert aus den Erfolgen unserer MitunternehmerInnen. Alle können ihren Erfolg durch den Grad ihrer Identifikation mit diesem Unternehmens-Credo klar steuern.

4.

Alle MitunternehmerInnen setzen ihr Wissen und Können dafür ein, neue und bessere Lösungsmöglichkeiten zu finden. Auch Gutes kann verbessert werden. Veränderungen werden nur dann nicht mehr vorgenommen, wenn sie keine Verbesserungen mehr bewirken.

5.
Dienen kommt vor dem Verdienen. Je mehr Nutzen wir unseren Gästen bieten, desto höher wird der Nutzen sein, den wir dafür ernten. Alle MitunternehmerInnen sollen wissen, daß Leistung zählt, sich aber auch bezahlt macht.

6.
Alle MitunternehmerInnen haben die Chance, an dem Unternehmens-Credo mitzuwirken.

Stadtklinik Baden-Baden

Leitlinien zum Pflegeverständnis

Unser primäres Ziel ist es, den Menschen, die unsere Klinik aufsuchen, zu helfen, ein großes Maß an Wohlbefinden zu erreichen.

Dazu gehört,

- daß wir jeden Menschen mit Würde und Respekt behandeln,
- daß wir den von uns betreuten Menschen über pflegerische Maßnahmen informieren, miteinbeziehen und seine Selbständigkeit durch eine aktivierende Pflege fordern und fördern,
- daß wir physische, psychische, soziale und kulturelle Bedürfnisse als solche anerkennen und in unserer Pflege berücksichtigen,
- daß wir eine Atmosphäre schaffen, in der sich auch Angehörige positiv aufgenommen und aktiv mit in den Gesundungsprozeß einbezogen fühlen,
- daß wir Sterbenden die Würde des Menschseins bis zu ihrem Tod wahren und sie und ihre Familie begleiten,
- daß die Schweigepflicht über Personen und Daten eingehalten wird.

Wir sind bestrebt, den Menschen, die unsere Einrichtung in Anspruch nehmen, ein hohes Pflegeniveau anzubieten. Dazu gehört,

- daß die Ausbildung an unserer Krankenpflegeschule auf die Förderung der Fähigkeit zu professionellem, verantwortungsvollem, sachgerechtem und kooperativem Handeln gerichtet ist,
- daß wir durch ein patientenorientiertes, ganzheitliches Pflegesystem (Bereichspflege) die Grundlage für ein berufliches Selbstbewußtsein und Freude am Beruf geschaffen haben,
- daß wir unsere Bereiche selbständig strukturieren und eine wirtschaftliche Betriebsführung unterstützen durch
    - gute Organisation,
    - verantwortlichen Umgang mit pflegerischen Sachmitteln,

- ständiges Hinterfragen unserer Arbeitsabläufe und ein
- EDV-gestütztes Kommunikationssystem,
- daß wir durch interne und externe Fortbildung unter Einbeziehung neuester pflegerischer Kenntnisse die individuellen beruflichen Kompetenzen des Pflegepersonals fördern,
- daß kreatives Denken und aktive Mitarbeit erwünscht sind,
- daß das Pflegepersonal der Klinik sich als Partner im multidisziplinären Team sieht und eine Kooperation auf allen internen und externen Ebenen angestrebt wird,
- daß wir zu einer Atmosphäre der Offenheit und des Vertrauens beitragen, in Konfliktsituationen die verschiedenen Standpunkte berücksichtigen und gemeinsam nach Lösungen suchen.

Wir stehen zu unserer Pflege und zu unserem Beruf und tragen Mitverantwortung für das Image unseres Hauses.

Stadtklinik Baden-Baden
Klinik für Kinder und Jugendliche

Unser Ziel ist die ganzheitliche Pflege der uns anvertrauten kranken Kinder. Für den Heilungsprozeß ist es wichtig, eine Atmosphäre zu schaffen, in der das Kind genesen und sich weiterentwickeln kann.

- Grundsätze unserer Betreuung:
- Kinder haben das Recht, ihre Eltern jederzeit um sich zu haben. Die Eltern sind die eigentlichen Experten bezüglich der Versorgung/Betreuung ihrer Kinder und das Pflegepersonal sollte eng mit ihnen zusammenarbeiten.
- Den Eltern sollten angemessene Informationen gegeben und Unterstützung zugesagt werden, so daß sie an Entscheidungen bezüglich der Versorgung ihrer Kinder teilhaben und so weit wie möglich dazu beitragen können.
- Kinder sollten von dem dafür geschulten Personal in einer Umgebung betreut werden, die ihrem Alter sowie ihren physischen, psychischen, sozialen und emotionalen Bedürfnissen gerecht wird. Eltern und Kinder sollten die Möglichkeit haben, einen gewissen Grad an Normalität aufrecht zu erhalten, was durch flexible und kreative Betreuung in einer entspannten Atmosphäre gewährleistet sein kann.
- Den Kindern sollten die notwendigen Informationen entsprechend ihrem Alter und ihrem Verständnis weitergegeben werden, so daß sie die Entscheidungen bezüglich ihrer pflegerischen und medizinischen Versorgung nachvollziehen können.

Das Kind und seine Eltern im Mittelpunkt.
- Ein spannungsfreier und unkomplizierter Umgang mit den begleitenden Eltern hat positive Auswirkungen auf den Umgang mit dem kranken Kind, das auf diese Weise leichter Vertrauen zu den betreuenden Kinderkrankenschwestern/-pflegern gewinnt.

Anhang

- ❏ Zur Umsetzung unserer Zielvorstellung wollen wir:
- ❏ einen kontinuierlichen Informationsfluß gewährleisten
- ❏ regelmäßig an den Besprechungen und deren Umsetzung teilnehmen
- ❏ die besuchten Fortbildungen eigenverantwortlich dokumentieren
- ❏ neue Kollegen(innen) zielorientiert und intensiv einarbeiten
- ❏ unsere Auszubildenden in der Kinderkrankenpflege und Krankenpflege fachlich qualifiziert anleiten
- ❏ aktiv an Arbeitsgruppen teilnehmen
- ❏ unsere Grundsätze bei der täglichen Arbeit einhalten.

Wir sind bestrebt:
- ❏ eine offene Atmosphäre zu schaffen, die auf gegenseitigem Vertrauen beruht,
- ❏ den Mitarbeitern Raum zu geben für persönliches Engagement und
- ❏ Mitgestaltung ihres Arbeitsplatzes.

Unsere gemeinsame Aufgabe ist es, Kinder jeden Alters selbständig und eigenverantwortlich zu pflegen und deren Eltern professionell zu beraten und zu betreuen.

Die/der examinierte Kinderkrankenschwester/-pfleger ist eine Persönlichkeit, die innerhalb des medizinischen Fachteams in kollegialer Zusammenarbeit eine denk- entscheidungs- und handlungsaktive Rolle zu erfüllen hat.

Wir, die Leitungen der Stationen, der Kinderkrankenpflegeschule und der Pflegedirektion unterstützen Sie in Ihrem Engagement, freuen uns über Ihre Ideen, Vorschläge, konstruktive Kritik und Mitarbeit.

Kommen Sie auf uns zu!

Sprechen wir miteinander!

Gelesen und einverstanden:

(Datum) (Unterschrift)

Die Autoren

Waldemar F. Kiessling, Jahrgang 1950; Studium der Rechtswissenschaften; nach verschiedenen Managementaufgaben im Vertrieb und Personalwesen, Trainer und Berater in einer internationalen Trainingsgesellschaft für Führung und Verkauf in München; Senior Consultant bei Henrion, Ludlow & Schmidt, Consultants in Corporate Identity, London; 1992 Gründung von Kiessling & Partner, Beratung und Training in Kommunikation, München

Peter Spannagl, Jahrgang 1961; Studium der Sozialpädagogik mit Schwerpunkt Erwachsenenbildung; weitere Ausbildungen in Partner- und Familientherapie und personaler Kommunikation; PR-Berater und Leiter der Abteilung Training/Personalentwicklung in einer Public Relations Agentur in Frankfurt; später Führungskräftetrainer bei der Bayer. Hypotheken- und Wechselbank AG, München; seit 1992 freie Mitarbeit bei Kiessling & Partner, München

Schwerpunkt Management

Stand Oktober 2000

Michael Fischer, Pedro Graf
Coaching
2. überarbeitete Auflage 2000
160 Seiten, kartoniert
75 Abb. / Graf. / Checkl.
49,80 DM
368,- ÖS / 46,- sFr / 25,80 EUR
ISBN 3-934 214-58-4

2. überarbeitete Auflage

Hans Dietrich Engelhardt, Pedro Graf, Gotthart Schwarz
Organisationsentwicklung
2. überarb. Auflage 2000
164 Seiten, kartoniert
60 Abb. / Graf. / Checkl.
49,80 DM / 368,- ÖS / 46,- sFr / 25,80 EUR
ISBN 3-934 214-45-2

2. überarbeitete Auflage

Gregor Beck
Controlling
2. Auflage 1999
160 Seiten, kartoniert
50 Abb. / Graf. / Checkl.
49,80 DM
368,- ÖS / 46,- sFr / 25,80 EUR
ISBN 3-934 214-01-0

Neuauflage

Hans Dietrich Engelhardt
Organisationsmodelle
2. überarb. Aufl. 1999
144 Seiten, kartoniert
34 Abb. / Graf. / Checkl.
49,80 DM
368,- ÖS / 46,- sFr / 25,80 EUR
ISBN 3-934 214-14-2

2. überarbeitete Auflage

Waldemar F. Kiessling, Peter Spannagl
Corporate Identity
2. Auflage 2000
114 Seiten, kartoniert
37 Abb. / Graf. / Checkl.
49,80 DM
368,- ÖS / 46,- sFr / 25,80 EUR
ISBN 3-934 214-60-6

Neuauflage

Reinhilde Beck, Gotthart Schwarz
Personalentwicklung
1997
160 Seiten, kartoniert
93 Abb. / Graf. / Checkl.
49,80 DM
368,- ÖS / 46,- sFr / 25,80 EUR
ISBN 3-934 214-44-4

Reinhilde Beck, Gotthart Schwarz
Konfliktmanagement
2. Auflage 2000
134 Seiten, kartoniert
51 Abb. / Graf. / Checkl.
49,80 DM
368,- ÖS / 46,- sFr / 25,80 EUR
ISBN 3-934 214-54-1

Neuauflage

Gotthart Schwarz, Reinhilde Beck
Personalmanagement
1997
160 Seiten, kartoniert
70 Abb. / Graf. / Checkl.
49,80 DM
368,- ÖS / 46,- sFr / 25,80 EUR
ISBN 3-934 214-43-6

Pedro Graf, Maria Spengler
Leitbild und Konzeptentwicklung
3. überarb. erweit. Aufl. 2000
124 Seiten, kart.
50 Abb. / Graf. / Checkl.
49,80 DM / 368,- ÖS / 46,- sFr / 25,80 EUR
ISBN 3-934 214-55-X

3. erweiterte Auflage

Monika Bobzien, Wolfgang Stark, Florian Straus
Qualitätsmanagement
1996
130 Seiten, kartoniert
30 Abb. / Graf. / Checkl.
49,80 DM
368,- ÖS / 46,- sFr / 25,80 EUR
ISBN 3-934 214-42-8

Susanne Grabowski
Multimediale Seminargestaltung
1995, 150 Seiten, kartoniert
98 Abb. / Graf. / Checkl., Vierfarbdruck
49,80 DM
368,- ÖS / 46,- sFr / 25,80 EUR
ISBN 3-934 214-46-0

Gotthart Schwarz
Sozialmanagement
3. Auflage 1999
128 Seiten, kart.
36 Abb. / Graf. / Checkl.
49,80 DM
368,- ÖS / 46,- sFr / 25,80 EUR
ISBN 3-934 214-02-9

3. Auflage Pilot der Reihe

Fordern Sie den aktuellen Verlagskatalog an oder sehen Sie ins Internet: www.ziel.org

Bestellungen bitte an:

(D) HEROLD Verlagsauslieferung GmbH
Kolpingring 4, 82041 Oberhaching/München
Tel. (089) 61 38 71-0, Fax (089) 61 38 71-20

(A) AS-Bartsch-Höller GmbH, Verlagsservice
Schaldorferstraße 16, A-8641 St. Marein/Mzt.
Tel. (0 38 64) 67 77, Fax (0 38 64) 38 88

(CH) Engros-Buchhandlung Dessauer
Räffelstr. 32 / Postfach, CH-8036 Zürich,
Tel. (01) 463 32 55, Fax (01) 463 32 95

(Online) http://www.ziel.org (E-Mail: verlag@ziel.org)

... und bei Ihrem Buchhändler!